普通高等教育艺术设计类新形态教材

UI设计

（第二版）

肖　勇　马　丽　主编

User Interface Design

(The 2nd Edition)

中国轻工业出版社

图书在版编目（CIP）数据

UI设计 / 肖勇，马丽主编. -- 2版. -- 北京：中国轻工业出版社，2025. 9. -- ISBN 978-7-5184-5664-2

Ⅰ. TP311.1

中国国家版本馆CIP数据核字第20258ME020号

责任编辑：朱利利　　责任终审：劳国强　　设计制作：锋尚设计
策划编辑：王　淳　　责任校对：朱　慧　朱燕春　　责任监印：张京华

出版发行：中国轻工业出版社（北京鲁谷东街5号，邮编：100040）
印　　刷：天津裕同印刷有限公司
经　　销：各地新华书店
版　　次：2025年9月第2版第1次印刷
开　　本：870×1140　1/16　印张：8.25
字　　数：210千字
书　　号：ISBN 978-7-5184-5664-2　定价：58.00元
邮购电话：010-85119873
发行电话：010-85119832　010-85119912
网　　址：http://www.chlip.com.cn
Email：club@chlip.com.cn

240428J1X201ZBW

前言 PREFACE

党的二十大报告提出："全面建设社会主义现代化国家，必须坚持中国特色社会主义文化发展道路，增强文化自信，围绕举旗帜、聚民心、育新人、兴文化、展形象建设社会主义文化强国，发展面向现代化、面向世界、面向未来的，民族的科学的大众的社会主义文化，激发全民族文化创新创造活力，增强实现中华民族伟大复兴的精神力量。"

UI设计是文化自信的反映形式之一，从党的二十大精神与社会进步的角度来看，新时期视觉传达设计中融合了多种门类，尤其是UI设计，其设计元素的变形手法与细节处理要符合时代精神，将文化自信融入UI设计过程中，让UI设计更具有时代性，形成具备文化自信的视觉审美价值观。

在科技进步的推动下，信息传播与接收在各个领域扮演着越来越重要的角色。UI设计，作为电子产品视觉审美、功能操作和界面环境的全方位规划设计，旨在为用户带来极致的体验效果。如今，用户体验已经渗透到生活的方方面面，对生活质量的提升具有重要的指导意义。例如，各类屏幕上的时间和天气信息、带消息提醒功能的呼吸灯、汽车导航中的指针等，这些设计元素以各种形式呈现在大众面前，以多样化方式传递信息，帮助我们更快速、有效地接收信息。

本书立足于交互式设计行业现状，将理论与实际案例有机结合，对UI设计进行全面而深入的解析。随着UI市场需求的不断扩大，从业者数量激增，UI设计开始向交互式设计方向发展。在电子设备和互联网科技的推动下，无论是在电脑上浏览网页，还是用手机支付进行消费，都是UI设计师对画面、语言、操作等进行逻辑分析的结果。受到互联网崛起的影响，为了加速信息的发展，许多其他领域纷纷与UI设计交融，既增强了竞争力，又拓宽了UI设计的就业渠道，具有高专业素养的UI设计师成为交互开发行业的重要支柱。尽管如此，UI设计的发展仍在不断前行，这得益于现代设计中的信息透明度，它会根据互联网的发展节奏不断调整模式和方向。

本书从界面交互的角度出发，引导读者理解和思考UI设计的基本理念，针对不同类型的UI设计案例进行深入剖析，并配以详细的步骤图介绍制作方法，使读者能够更细致地了解UI设计。本书旨在激发读者的创作思维，使读者的专业能力得到全面提升。

本书自2019年第一版出版发行以来，深受高等院校师生欢迎，根据读者需要，我们对原教材进行了第二版修订工作，修订内容增加了大量设计资料和相关思政内容，内容新颖，系统全面，图文并茂，兼顾专业与普及两个方面。内容或有不足或疏漏，敬请广大读者批评指正。

编著者

于北京中央美术学院第7工作室

目 录
CONTENTS

1 UI设计概述

1.1 概念与定义 …… 001
1.2 UI构成原则 …… 003
1.2.1 交互设计 …… 003
1.2.2 界面操作 …… 004
1.2.3 用户体验 …… 005
1.3 UI视觉要素 …… 006
1.4 UI设计类型 …… 010
1.4.1 网站 …… 010
1.4.2 软件 …… 012
1.4.3 游戏 …… 015
1.5 常见UI界面设计 …… 015
1.5.1 计算机网站界面 …… 015
1.5.2 手机应用界面 …… 021
1.6 UI设计行业发展状况 …… 023
课后练习 …… 025

2 UI设计基础知识

2.1 定位服务对象 …… 026
2.2 常用软件 …… 028
2.2.1 图像处理类 …… 029
2.2.2 管理设计类 …… 031
2.2.3 视频剪辑类 …… 034
2.3 版式设计 …… 035
2.4 交互设计 …… 037
课后练习 …… 038

3 UI构成元素管理

3.1 基础配色 …… 039
3.1.1 颜色分类 …… 040
3.1.2 色彩概念 …… 042
3.1.3 色彩视觉 …… 044
3.2 图形与文字 …… 046
3.2.1 图形 …… 046
3.2.2 文字 …… 048
3.3 声音和画面 …… 049
3.3.1 声音 …… 049
3.3.2 画面 …… 050
3.4 交互实用原则 …… 053
3.4.1 全息投影交互 …… 053
3.4.2 交互新趋势 …… 055
课后练习 …… 060

4 硬件界面设计

4.1 硬件交互……061
4.1.1 传输原理……061
4.1.2 交互发展……062
4.2 交互方式……063
4.2.1 遥控识别……063
4.2.2 坐标定位……064
4.2.3 其他运用……065
4.3 UI硬件界面设计案例……065
4.3.1 时钟……065
4.3.2 按键……069
4.3.3 设置……072
4.3.4 邮件……076
课后练习……078

5 软件界面设计

5.1 导航栏设计……079
5.1.1 网站类……080
5.1.2 应用类……084
5.2 按钮设计……086
5.2.1 链接类按钮……087
5.2.2 控制类按钮……088
5.3 提示窗口设计……089
5.3.1 界面美观……090
5.3.2 信息时效……090
5.4 进度条设计……091
5.4.1 游戏加载进度条……092
5.4.2 文件下载进度条……092
5.4.3 缓冲类进度条……093
5.5 菜单栏设计……093
5.5.1 收纳性……093
5.5.2 便捷性……095
5.5.3 可塑性……095
5.6 图标与界面设计……096
5.6.1 图标元素设计……096
5.6.2 界面场景设计……097
5.7 UI软件界面设计案例……097
5.7.1 开关按钮……097
5.7.2 进度装置……100
5.7.3 玻璃质感摄像头……102
课后练习……106

6 UI设计案例作品解析

6.1 UI设计作品步骤解析……107
6.1.1 组合图标……108
6.1.2 装置开关……109
6.1.3 手机界面……112
6.1.4 平板电脑软件界面……115
6.2 操作系统UI案例解析……117
6.2.1 安卓系统……117
6.2.2 iOS系统……120
6.2.3 Windows系统……122
课后练习……125

参考文献……126

1 UI设计概述

学习难度：★☆☆☆☆
重点概念：基本概念、构成原则、发展状况

章节导读

UI设计涵盖电子设备上的各种操作，无论是在手机上浏览网页、下载软件，还是在电脑上新建文件夹、清空回收站，都离不开UI设计。用户界面可以分为硬件界面设计和软件界面设计两大类。比如，当我们在电脑的USB接口插入U盘后，桌面会自动显示一个小图标，这个图标就是硬件界面的交互设计。再比如，我们在地图类软件里使用的道路导航功能便是软件界面的交互设计。无论是硬件界面设计还是软件界面设计，其根本目的都是为人机交互提供高效、便捷的信息输入与输出服务（图1-1）。

图1-1　任天堂游戏机

图1-1：游戏界面设计大量运用UI，引导游戏用户的互动，加强游戏体验感。任天堂游戏机发展历史悠久，界面UI设计形成了独特且统一的视觉形态。

1.1　概念与定义

在移动互联网时代，UI设计已经成为行业热词。UI，即用户界面设计，其核心不只是视觉效果设计，而是一个完整的交互关系体系。这个体系包括界面内容设计、交互体验设计、可用性设计等多方面，同时还要考虑人体工程学和市场上的商业模式等因素。

在UI设计中，“用户”和“界面”是两个最基本和最关键的因素。为了使这两者之间的关联更加紧密自然，交互设计应运而生，目的是使用户体验界面的操作过程变得更简洁、轻松、舒适。UI设计不仅能美化界面，还能根据用户的使用习惯领会用户意图，减少用户的操作步骤。

用户界面在生活中无处不在，无论是功能展示页面、注册登录页面，还是手机游戏操作界面，都属于用户界面范畴。UI设计不仅存在于电脑、手机、手表等显示终端上，在各种类型的设备上都有应用（图1-2、图1-3）。

图1-2　手机界面UI

图1-2：手机界面UI设计的核心是以用户为中心，关注用户需求，为用户提供便捷、舒适的使用体验。强调简洁、直观，追求“少即是多”的设计原则，尽量减少冗余元素，突出核心功能，让用户能够快速找到所需信息，提高使用效率。同时兼顾一致性设计原则，要求界面的设计风格、布局、操作方式等保持统一，这有助于降低用户的学习成本。

图1-3　电脑界面UI

图1-3：微软Windows操作系统，引领了电脑界面UI的发展，其将复杂的命令简化为可视化的图标和菜单，用户只需点击鼠标即可完成操作。这种图形化界面极大降低了用户的学习成本，使得电脑的使用变得更加普及。Windows不断优化界面设计，引入了任务栏、开始菜单等功能，进一步提升用户体验。

1.2 UI构成原则

交互设计、界面操作和用户体验是三个关键要素。交互设计是指人与设备之间的交互过程，它关注用户在使用过程中的行为、需求和感受，设计师可以创造出直观且易于操作的界面，使用户能够轻松完成任务。界面操作是指用户与设备界面进行交互的过程，包括界面布局、颜色搭配、图标设计等元素，直接影响用户对产品的第一印象。用户体验是指用户在使用过程中体验到的所有感受，包括功能、性能、视觉、交互等方面（图1-4）。

1.2.1 交互设计

交互设计是确保用户、操作和系统之间行为协调的方法，它与传统设计学科注重外观元素不同，更侧重于提高产品的易用性。常见的系统界面涵盖了计算机设备、手机操作系统和软件等。

交互设计的领域非常广泛，涉及艺术设计、人体工程学、心理学等多个方面。设计师需要在多个领域寻求参考，整理设计思路，优化交互操作流程，使之更加完善（图1-5）。

（a）几何形元素

（b）具象图形元素

图1-4　元素构成

图1-4（a）：在UI设计中，视觉层次对于引导用户视线和操作具有重要意义。通过运用几何形元素，如矩形，可以增强视觉层次感，使界面更加有序、清晰。

图1-4（b）：具象图形元素来源于现实生活，形象、生动，容易让用户产生共鸣。相较于抽象的图形元素，具象图形元素更能够直接传达信息，降低用户的理解成本。具象图形元素往往具有丰富的色彩、鲜明的对比和独特的造型，能够有效吸引用户的注意力，为界面增添活力。

（a）手机触摸交互

（b）触摸屏交互

图1-5 交互设计

图1-5（a）：手机触摸屏技术，被认为是现代智能手机的标杆。电容式触摸屏的工作原理是利用电容感应进行触摸识别。屏幕表面涂覆一层透明的金属氧化物材料，并分为*X*、*Y*两个方向的电极。当手指触摸屏幕时，会改变屏幕上电极之间的电容值，从而判断触摸位置。

图1-5（b）：触摸屏交互采用多点触控技术，用户只需用手指轻轻触摸屏幕，即可实现对图文信息的缩放、平移、查询等操作。相较于传统的键盘、鼠标操作，触摸屏交互更加简单、直观。

1.2.2 界面操作

从审美的角度来看，界面如同产品的包装设计，其美观程度直接影响产品的视觉吸引力。而从实用性的角度来看，交互体验的优劣在很大程度上取决于界面操作的逻辑合理性。界面是用户接触产品的首个元素，也是用户获取信息、发出指令的关键途径。

界面操作设计的关键在于互动性。设计理念应从实用环境出发，充分考虑操作者的使用习惯和方法，确保各个环节的一致性。只有这样，界面才能与用户紧密相连，为用户提供优质的交互体验（图1-6）。

图1-6 地铁自动售票机操作界面

图1-6：地铁自动售票机的蓝色界面给人带来舒适的视觉享受。分区域划分了操作板块，路线流程图作为最主要的展示部分占据较大板块，用户可通过点击界面下方的路线按钮查看不同出行方案，方便操作者查看所需路线信息。考虑到大部分市民习惯右手操作，所以将确认购票、购票张数等选项放置在界面右侧。

UI构成原则依赖界面操作的完善程度。在人与操作设备的交互过程中，视觉无疑是传递信息的首要媒介。用户与设备之间的交互体验包含视觉、听觉、触觉等多个方面，甚至在某些环境下，这种交互体验还会上升到心理情感层面（图1-7）。

（a）虚拟交互界面

（b）实体交互界面

图1-7 界面交互

图1-7（a）：虚拟交互界面注重用户体验，提供更加自然、直观的交互方式。如通过语音识别、手势识别、眼神追踪等技术，让用户能够以更加自然的方式与设备进行交流。虚拟现实和增强现实技术的应用，也使得虚拟交互界面变得更加立体、生动。

图1-7（b）：消费者对于大屏幕的喜爱已经渗透到汽车后排触摸屏界面。大屏化还能够带来更多的信息展示空间，方便用户进行各种操作。

1.2.3 用户体验

无论是交互设计还是界面操作都必须秉持用户体验至上的原则。设计需要以人文素养为基础，深入理解用户心理，并充分考虑操作环境，这样才能在产品开发和设计初期就将交互设计、界面操作和用户体验三大关键要素融入其中，让产品的交互功能与用户需求完美契合（图1-8、图1-9）。

图1-8 VR虚拟眼镜

图1-8：VR虚拟场景已经逐渐成为人们关注的焦点。VR眼镜作为虚拟现实技术的重要载体，正日益深入到我们的日常生活中。它为我们提供了一个全新的、沉浸式的虚拟场景，让我们得以一窥未来科技世界的风采。VR眼镜的虚拟场景，不仅带给人们身临其境的视觉体验，还让人们得以在虚拟世界中与科技产生互动。

图1-9 VR虚拟场景影像

图1-9：VR眼镜的虚拟场景带来震撼的虚拟场景体验，能将多个动态画面融合到人的眼前，让分散的画面融为一体。VR眼镜的易用性会直接影响到用户体验的质量，设计师需要投入大量的时间和精力查阅相关资料。

1.3 UI视觉要素

在人与界面的交互过程中，视觉是传递信息的首要通道。当用户面对界面时，常常会不自觉地以先入为主的视觉体验来评判界面优劣。因此，界面的展示效果已成为设计过程中的关键环节。界面设计的专业人员也逐渐将设计重点转向如何利用美观的界面设计来为用户带来愉悦的视觉体验。

影响视觉效果的变量繁多，其中包括元素的形状。不同的形状会带来不同的视觉效果。例如，三角形通常会给人们带来稳定和牢固的感觉，而圆形则往往让人感到活泼和灵巧。优秀的UI设计应符合应用环境的个性和品位，同时，视觉体验也有助于使产品的操作更为便捷、简易和自由。面对不同的环境和用户群体，产品的界面设计风格也应有所区别。许多元素在视觉呈现时都会引发人们不同的心理反应。例如，色彩在心理学中具有暗示作用（表1-1）。

选择合适的UI样式和风格配色，可减少用户的负担和麻烦，避免对用户造成误导。因此，审美是产品界面设计的重要原则（图1-10、图1-11）。

通过视觉，人类和动物能够感知外部物体的尺寸、光线、色彩、动态，从而获取对生物体生存至关重要的各类信息。事实上，至少有80%以上的外界资讯是通过视觉来获取的，这使得视觉成为人类和动物最重要的感官之一（图1-12）。

表1-1 色彩心理学

序号	色彩	表示状态
1	红色	活泼、张扬，在东方红色代表吉祥、乐观、喜庆，红色也有警示的意思
2	橙色	时尚、青春、动感，活力四射
3	蓝色	宁静、自由、清新，很多护士服和海军服装都是海蓝色，深蓝代表孤傲、忧郁、寡言，浅蓝则代表天真、纯洁
4	绿色	清新、健康、希望，是生命的象征，代表安全、平静、舒适
5	紫色	可爱、神秘、高贵、优雅，也代表着非凡的地位，有愉快之感，青紫一般不易产生美感
6	黑色	深沉、压迫、庄重、神秘、无情，是白色的对比色，和其他颜色相配合有集中和重心感
7	灰色	高雅、朴素、沉稳，代表寂寞、冷淡，灰色使人有现实感，也给人以稳重安定的感觉
8	白色	清爽、无瑕、简单、无情，是黑色的对比色，具有纯洁之感及轻松、愉悦、浓厚之感
9	粉红	可爱、温馨、娇嫩、青春、明快、浪漫、愉快，但不同的人感觉也不同，如果搭配得好会让人感到温馨
10	黄色	灿烂、辉煌，有太阳般的光辉，象征着照亮黑暗的智慧之光，也象征着财富和权力
11	棕色	代表健壮，与其他色不发生冲突，有耐劳、沉稳、暗淡之感，与土地颜色相近，给人可靠、朴实的感觉

图1-10 游戏界面

图1-11 矢量图标

图1-10：游戏界面中UI元素的色彩选择偏冷，明暗划分清晰，为界面营造出神秘、庄重的气氛。

图1-11：UI设计界面中的矢量图标设计应含有数据分析元素，矢量图标能提升用户获取信息的便捷性，同时让UI界面看起来更严谨。

UI设计师在构建设计元素时，必须考虑各种屏幕尺寸的适应规范、文本和色彩的规范、样式和布局的规范。也需要考虑用户的操作环境，及时调整设计规范。动态效果和矢量图的适当插入，可以丰富界面元素，使其更具吸引力。

在设计过程中，设计师需要注意各元素之间的协调和使用效率，避免因为迁就某一设计理念而偏离设计原则的常识性错误。在具有特定功能的分

图1-12：UI场景中的视觉元素包括色彩、图像，设计过程中需要综合考虑定位、用户需求以及整体风格，通过合理的色彩搭配、精美的图像设计，提升产品的形象和价值。

图1-12　UI场景中的视觉元素

散元素之间，统一性是UI设计规范的重要一环。以界面中的键盘按钮设计为例，当用户进行操作时，相同类型的按键在接收到用户操作后，所触发的行为事件应保持一致。这种一致性不仅可以提高用户的操作效率，还能提升用户的操作体验（图1-13）。

在界面设计中穿插矢量图、表格等元素时，准确度是视觉要素的关键。标记、缩写和颜色等各种信息必须保持一致，以确保用户能够清晰理解每个元素所传达的含义，而无须借助其他外部资源进行信息梳理。在设计这类用户界面元素时，还应注重可读性、空间和对比，以及与文本数据之间的连贯性（图1-14）。

图1-13：虚拟键盘触发效果一致不是键盘按键仅有的特性，每个字母和数字按键的样式结构也必须做到清晰一致，并与界面环境的风格相统一，方便用户操作的同时，也不会产生跳跃的视觉效果。

图1-13　虚拟键盘设计

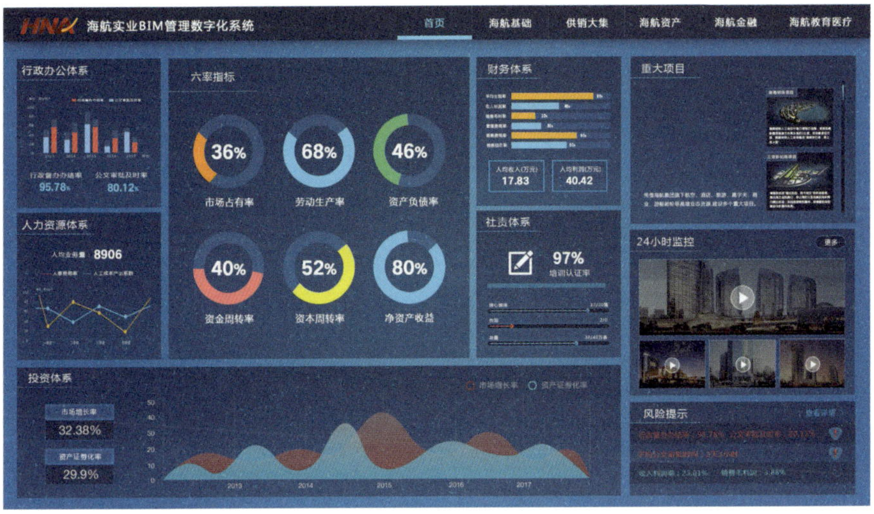

图1-14　数据展示UI

图1-14：无论是矢量图还是表格，界面中的UI创作都需要基于元素合理性，充分考虑布局的合理化，通过识别用户操作习惯达到元素具有跟随文本，引导用户浏览的作用。避免矢量图的放置过于集中，适当将文本中的一些数据内容整合处理，具备保持界面简洁、整齐，并提高用户对应用专业性认知的作用。

在UI设计中，视觉元素的考量对于打造卓越的用户体验具有至关重要的作用。一个理想的人机交互界面应该突破视觉因素的桎梏，让用户的视觉体验变得轻松愉悦。为了实现这一目标，需要对操作环境以及用户认知有深入的理解。

视觉元素作为UI设计的核心组成部分，目的在于通过创造性的审美设计，使人机交互功能得以完美实现。与此同时，界面的设计也应致力于通过视觉元素向用户传递情感和文化。这样的设计理念，不仅能够提升用户体验，更能让界面独具特色。

– 补充要点 –

空间内的视觉幻象

交互设备的屏幕界面空间虽有限，但设计师们却通过巧妙运用色彩、形状和样式制造错视效果，从而在视觉上拓展了用户的交互体验空间。

视觉幻象的形成部分源于人脑的左右半球分工差异。眼睛接收到的图像在左右脑中处理时，会产生不同的应激反应。右脑，也被称为本能脑或潜意识脑，主要负责图像化机能，如企划力、创造力、想象力，以及超高速自动演算机能，如心算、数学等。而左脑则是意识脑，负责知性、知识、理解、思考、判断、推理、语言等（图1-15）。

（a）矛盾空间

（b）实心点与空心点

图1-15　视觉幻象

图1-15（a）：视觉幻象的存在并不局限于几何空间维度，其在色彩方面也有所体现，矛盾空间是视觉幻象的代表，也是现代UI设计常用的元素。

图1-15（b）：当用户看到白点的灰度深色后，灰色在眼中可能变成了黑色。当用户再看其他东西时，这种错觉会恢复原状。UI设计能运用这种幻象激发用户的好奇心理。

1.4　UI设计类型

互联网带来全新的信息交流方式。UI信息驾驭范围广、传输效率高的特性，可以对政治、经济、文化等信息进行传播。UI设计类型主要为网站、软件、游戏三大类别。

1.4.1　网站

互联网以其层级化的特性而著称，每个网站都包含着数目众多的子网页，而这些子网页中又进一步涵盖了丰富的子级内容。按照这样的细分，UI元素在网站中的地位就如同构成万物的原子一般，作为网站中普通却不可或缺的元素，发挥着至关重要的作用。借助其独特的引导性和传播性，UI元素为用户与网站之间的交互奠定了坚实的基础（图1-16）。

网页界面由色彩、文本、动态效果等元素构成，这些元素按照美观的原则进行布局和组合，形成和谐的视觉效果。网页中的元素不仅仅有静态的，还包含了听觉和视觉等多种交互方式，以提供更优质的用户体验。这些元素和界面环境相辅相成，共同构成一个完整的网站。

在网页中，基本交互功能不会受到元素的限制，反而会在各种元素的相互协调和配合下，使交互操作更加理想和完善。一个精心设计的网站，各种元素，如色彩、文本、动态效果等，都发挥着它们各自的作用，共同提升用户的体验感（图1-17、

图1-18）。

用户界面的样式布局能完美适应各种大小的屏幕，相互协调，相得益彰。如何让交互元素在手机、电脑、平板以及投影仪等不同载体中适应自如，是设计师在设计过程中需要深思熟虑的问题，同时也是满足用户基本交互需求的关键。

图1-16 网站页面

图1-16：出色的UI元素甚至能够起到代表网站形象的作用。界面设计优美、风格样式和谐的网站，能够让用户在浏览网页时感受到更为舒适和愉悦的体验。深蓝色背景衬托白色文字与蔚蓝色图形，让整个界面风格统一，背景虚幻的图像效果具有深远感，能拉开网站页面的层次。

图1-17 机械网站

图1-18 婚庆网站

图1-17：机械网站设计应当选择与企业形象相符的色彩搭配，保持整体风格的一致性。使用易于阅读的字体，保证网站内容清晰易懂。避免使用过于复杂的书法字体，以免影响用户阅读。选用高质量的图片，展示产品的细节与特点。

图1-18：婚庆网站首先要突出浪漫温馨的风格，以粉色、白色、紫色等温馨色调为主，搭配优雅的花朵、爱心等元素，让访问者一进入网站就能感受到浓厚的婚礼氛围。可以采用黑、白、灰等基础色调，搭配简洁的线条、图形等元素，展现出一种简约而不简单的美感。

1.4.2 软件

软件被誉为计算机系统的灵魂，是由一系列有序的计算机数据和指令组成的集成体。在日常操作中，软件可以被划分为两大类别，即系统软件和应用软件。为使软件的功能更为专业化和标准化，设计师将重心转向软件界面的设计，旨在通过规范软件界面，满足用户的视觉审美需求。

软件界面的设计，包括启动封面、结构框架、链接按钮、样式面板以及图标和菜单等各环节，都是设计师们精心打磨的结果。每个细节的设计，都尽可能贴近使用环境，使其更加容易被有专业需求的用户接受（图1–19）。

软件界面是用户与软件进行交互时的第一印象，同时也是整个软件体验的重要组成部分。随着人们人文素养提升，用户对交互体验的专业性和针对性要求也越来越高。因此，大部分的用户体验都源于界面设计和UI元素设计。在这种情况下，用户对界面风格和样式设计的重视也逐渐增加，开始更加注重软件界面的细节和美感，希望通过优秀的界面设计和UI元素设计提高用户的使用体验（图1–20）。

为了满足多界面兼容性的需求，软件在界面和元素设计上都需要进行精细的调整。以我们日常使用的社交软件——微信为例，它就巧妙抓住了交流的及时性和时效性这一特点，研发出了同一软件在不同终端上的交互方式。为了适应不同的设备，微信的界面样式和操作方式也会做出相应的调整（图1–21、图1–22）。

随着设备越来越智能化，适应不同特性的软件也越来越多。为了方便用户选择和下载适合的软件，许多厂商开发了手机应用商店。这些应用商店

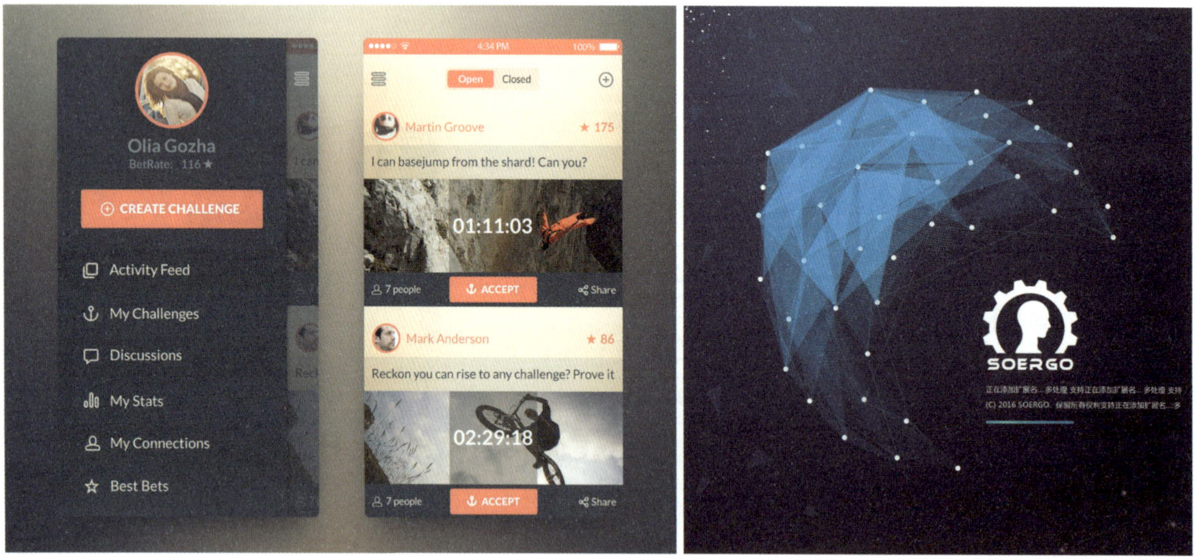

（a）手机软件　　（b）计算机软件

图1–19　软件UI

图1–19（a）：手机软件UI设计界面应当清爽，有助于提高用户的视觉舒适度，减少用户的心理负担。简洁的界面还能提高软件的观感，提升品牌形象。

图1–19（b）：计算机软件UI设计应尽量减少冗余元素，保持简洁明了的视觉效果。操作步骤也要尽量简化，让用户能够快速上手，同时，保持颜色、字体、图标等元素的统一。

具有对不同类型软件进行分类规划的功能，使用户在挑选心仪的应用时能够更加明确方向，提高浏览效率。此外，应用商店还可以提供软件的评分、评论和下载量等信息，帮助用户更好地了解软件的质量和受欢迎程度（图1-23、图1-24）。

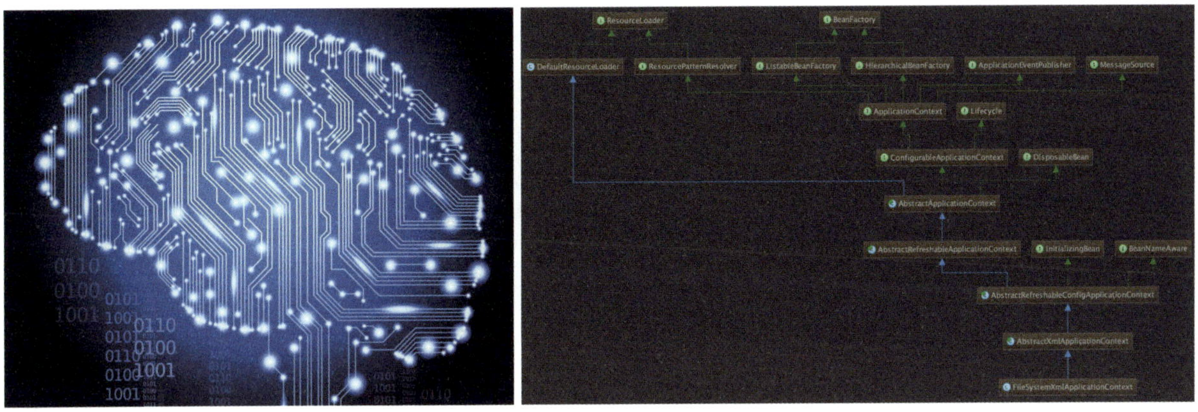

（a）电路板造型界面　　（b）关联图表界面

图1-20　界面形态

图1-20（a）：电路板造型表现出科技感与时代感，直线条能表明界面的通达感，是大屏界面常见的设计模式。

图1-20（b）：关联图表界面设计具有较强的逻辑性，能厘清界面中多个重要元素的关系，方便点选。

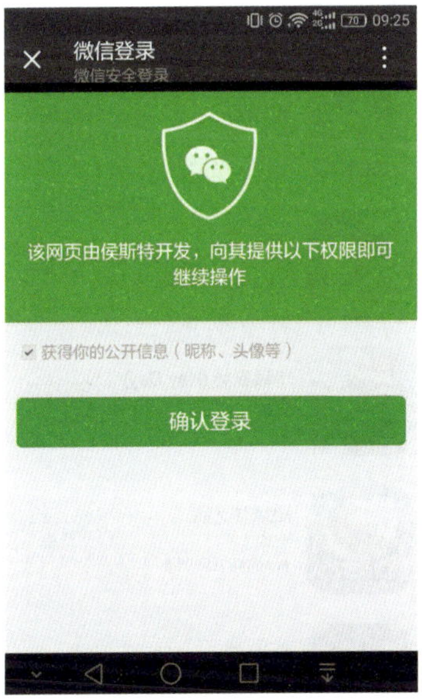

图1-21　微信手机终端界面

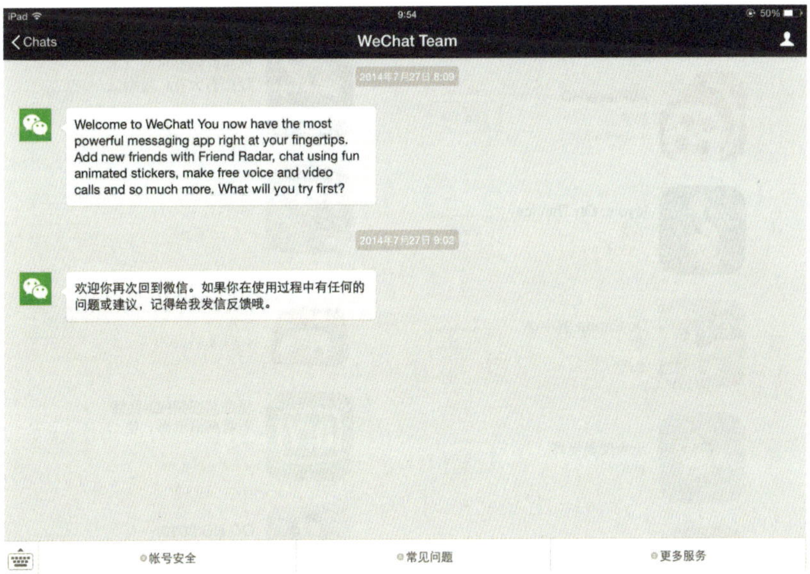

图1-22　微信电脑终端界面

图1-21：微信不断进行界面优化，致力于为用户提供更为智能、个性化的体验。在色彩搭配上，始终将绿色与不同层次的灰色进行搭配，形成统一且雅致的视觉效果。

图1-22：微信电脑终端界面弱化了绿色视觉形象，但是使用功能、逻辑都与手机界面保持一致。

图1-23　App应用商店

图1-23：App应用注重跨平台兼容性，实现一次开发，多平台适配，通过界面点击就能快速选择所需应用程序，并进行下载安装。

图1-24　应用商店

图1-24：App应用商店是一个提供手机应用程序下载服务的平台。用户可以在应用商店中浏览、下载、安装，从而使用各类应用程序。这些应用程序涵盖生活的方方面面，包括娱乐、办公、学习等。

1.4.3 游戏

在游戏中，用户界面由一系列与游戏内容紧密关联的元素构成，这些元素作为用户直接或间接接触游戏的交互环节，包括链接按钮、特效动画、文本信息以及音频、视频等。

游戏界面设计的关键在于能够适应多设备终端的运行平台，运用设计视觉化元素和操作理念与游戏用户进行有规划的交互活动。这种设计理念不仅体现在各种设备的兼容性上，同时也体现在游戏界面的视觉效果和操作流畅性上。为了达到更好的交互体验，游戏界面设计中还融入了各种视觉化元素和操作理念，如按钮的布局、颜色的搭配、动画的流畅性等，这些都能够让游戏用户在玩游戏的过程中有更好的体验感（图1-25）。

（a）道具界面

（b）角色界面

图1-25 《阴阳师》手机游戏

图1-25：游戏界面中所包含的功能操作和场景环境，都是以界面中所涵盖的故事背景、剧情线索等元素为基础设计的。《阴阳师》手机游戏从画面风格和声音特效上都能起到连接用户和深化游戏内容的作用，好的交互操作可以将游戏内的剧情准确传递给用户，产生情感共鸣。这需要从游戏登录界面、操作界面、场景界面、细节元素等多方面进行UI设计。

1.5 常见UI界面设计

在众多的应用界面中，UI交互元素无处不在，它们以各种形式融入日常使用的各类应用中。为了满足不同用户的需求，界面设计风格也呈现丰富多样的特点。目前，最为常见的应用类型包括计算机网站界面和手机应用界面。

1.5.1 计算机网站界面

（1）娱乐网站

①弹幕视频网站。这类网站的目标用户群体主要是年轻人，因此界面设计风格偏向时尚和活力，

各种元素的排列和组合充满动感和韵律，色彩搭配注重清新和明快，营造出一种轻松愉悦的氛围。这类网站的设计规范通常会根据整体风格进行制定，细节上并不会过于约束（图1–26）。

②音乐平台类型网站。这类网站的UI元素样式统一，色彩搭配质朴，充分体现了实用性的设计原则。在以听觉为主要感官的应用中，元素设计以用户和界面的交互过程为核心（图1–27）。

图1–26：弹幕视频网站版面设计简洁明了，用户界面图形化，整体风格简约大方，标题设计醒目但不突兀。同时，设计者还巧妙运用留白艺术，以及描边效果强烈、形态较为圆润的字体，使得整个界面更加和谐美观。

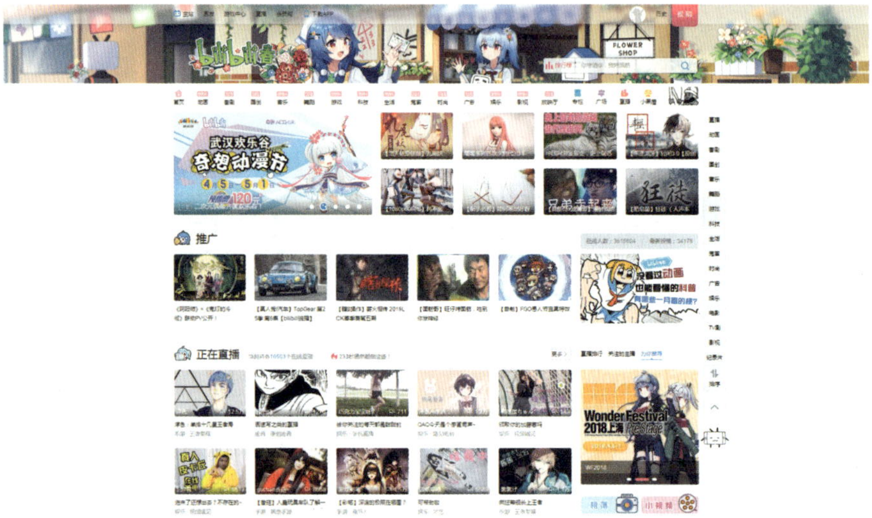

图1–26　弹幕视频网站

图1–27：网易云音乐根据不同的应用环境选择设计重点，将主题时尚内容置于页面中上方，让主题内容成为主要的UI元素，提升用户和界面之间的交互体验。

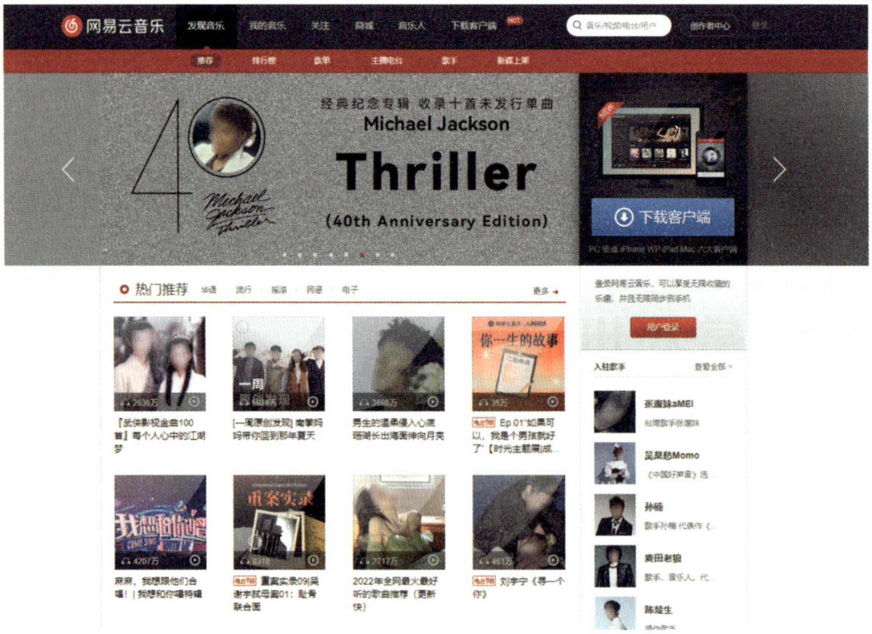

图1–27　网易云音乐

③直播网站。该类网站的界面元素丰富多样，各个板块的内容风格各异，这主要取决于网站的交互特性。整个网站的界面布局合理，设计师在其中融入了光感、动效等新颖元素，这些设计细节旨在为用户带来更优质的交互体验。此外，各个版面的分布各具特色，使得整个网站呈现别具一格的风貌（图1–28）。

④社交属性平台。社交平台为充分展现其社交属性特质，通常会设置星级评价、点赞等功能，方便用户对内容进行反馈和互动。此外，有些社交平台在板块内容的呈现上，会采用相对素雅的配色方案，既能突出重点内容，又能让界面整体显得更加和谐（图1–29）。

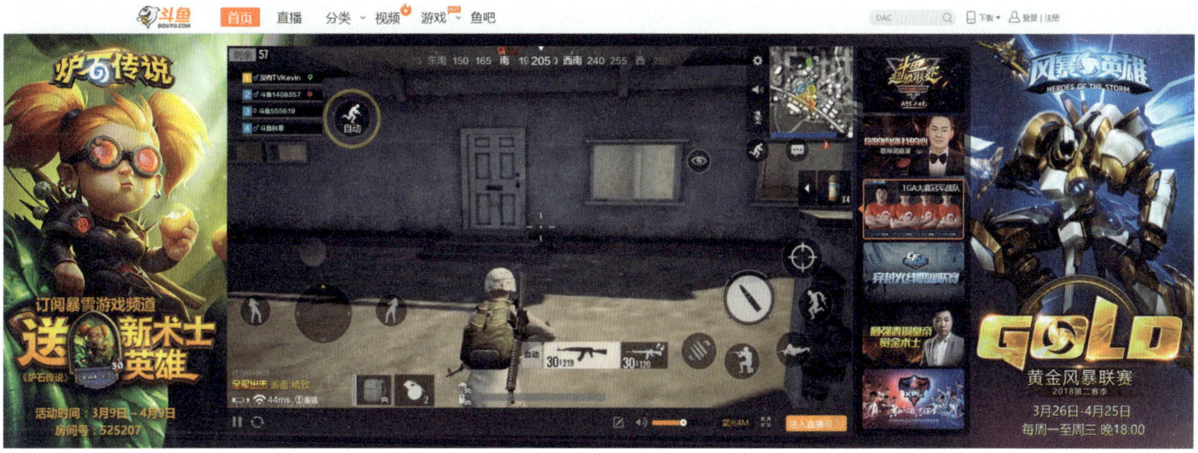

图1–28 直播网站

图1–28：直播网站的设计体系能为用户带来直观的交互体验。通常在板块转换之间搭配衔接动效，以此实现两个或多个不同视图之间元素变化的过渡，保持用户浏览界面内容时视觉上的连续性，达到律动自然、效果个性的视觉感受，快速吸引用户注意力、提升用户参与度。

图1–29 社交属性平台首页

图1–29：新浪微博首页直接将背景调整为透明色，将标题文字设计为剪影的形式压在色块上，同时增加图层纹理来提高用户交互时的视觉空间感，这样用户在浏览信息时不易对扁平化界面产生厌倦和疲劳。

（2）商业消费网站

①购物类网站。其UI设计在色彩运用方面非常出色，不仅能让整个网站看起来更加美观，还能很好地引导用户进行购物。购物类网站UI设计中包括了很多具有网站特色的UI元素，如搜索象征图标、购物车象征图标、卖家象征图标和对话窗口中的表情等。这些元素的设计样式丰富多样，非常符合购物类网站的特点，使得用户在购物过程中更加便捷和愉悦（图1–30）。

②旅行类网站。其巧妙地包容了各类元素的特性，使得界面能够与不同类型的取景地自然融合，相得益彰。在配色方面，运用能带给用户轻松愉悦视觉感受的色彩搭配，从而使用户能够更加专注地阅读并理解界面中强调的文案信息（图1–31）。

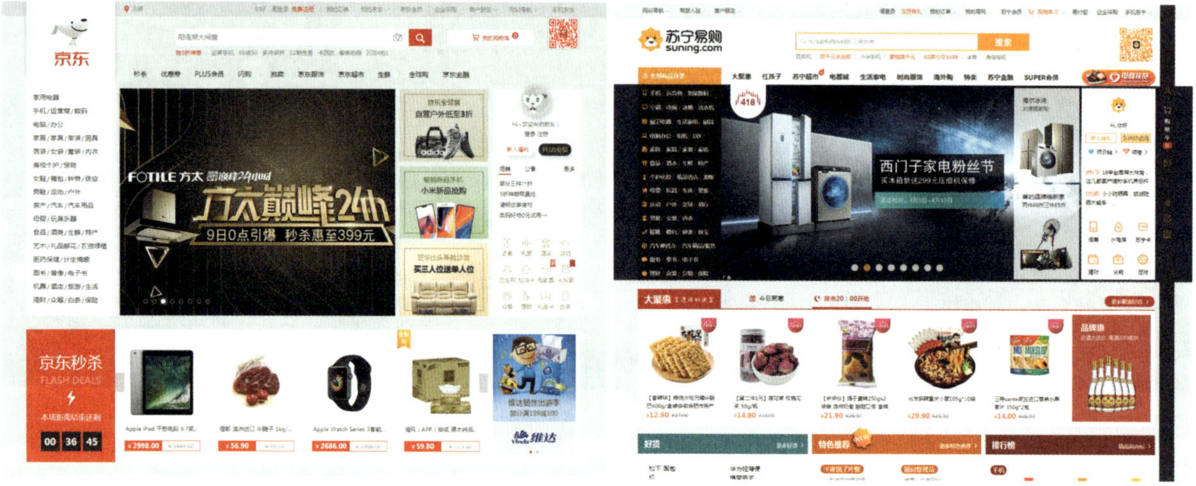

（a）京东网站　　（b）苏宁易购网站

图1–30　购物类网站

图1–30（a）：京东网站采用了以红色为主色调的设计，网站导航栏设计简洁明了，包含了“首页”“分类浏览”“发现”“购物车”“我的京东”等核心功能入口。这种设计能让用户快速找到所需内容，降低用户的操作成本。

图1–30（b）：苏宁易购网站页面布局采用了网格布局的方式，商品图片以大图形式展示，视觉效果突出。网站还提供了详细的分类浏览功能，用户可以根据商品的属性进行筛选，快速找到心仪的商品。

图1–31：携程网站通过使用不同的风景图片来丰富界面设计，并用背景和空间深度感区分各个UI组件，将其放置在界面中的不同层次，调整各项UI元素之间的统一性及和谐性，以整洁明确的外观样式，满足不同用户的交互需求。

图1–31　旅行类网站

总之，大部分商业消费网站以平面视觉效果为主导，注重简洁、明确和普适性，旨在打造美观大方且实用的用户体验。在UI元素的布局方面，依据严谨的网格线系统进行规划，以水平滚动的方式展示各类信息，色彩搭配鲜艳活泼（图1-32）。

（3）综合资讯网站

①用户交互界面。遵循简约风格设计原则，以简洁明了、实用美观为核心，力求为用户提供符合审美需求且功能强大的体验。图标与色彩等元素之间的搭配协调，使得界面秩序井然，视觉效果和谐、条理分明，能够清晰传达出设计功能的视觉信息（图1-33）。

②展示装修效果的网站。页面设计板块划分明确，界面中的UI元素统一且简洁，为用户呈现最为清晰美观的视觉效果，让用户在无压力的情况下轻松感知到界面所传递的信息（图1-34）。

图1-32：网易考拉海购网站采用简洁大方的界面设计，色彩搭配自然和谐，给人清新舒适的视觉体验。网站采用的无衬线字体，保证用户在长时间浏览网页时不易产生视觉疲劳。同时，合理的文字大小和行间距，让用户能够轻松阅读，提高购物体验。标注的图形色块以数字为主，吸引用户快速识读，定位选购。

图1-32　海外购物网站

图1-33：在央视网站的栏目页面中，能点击播放相关影片，提升用户的互动效果。

图1-33《舌尖上的中国》用户交互界面

③科技信息网站。不仅需要内容丰富、更新及时，还需要有良好的界面设计，使用户能够更轻松、更愉悦地获取所需信息。从界面设计的角度来看，网格线的分布排列方式，可以使得界面元素呈现出一种逻辑清晰、层次分明的视觉效果，从而提高信息传递的效率（图1-35）。

图1-34：网易家居装饰网站采用简单的UI元素在文案与用户之间起到情感连接作用，通过互动来引导用户对自身生活质量的思考。

图1-34　网易家居装饰网站

图1-35：网格线对齐分布，文本、留白和连接构成了用户界面。这样的设计模式不仅是为了在视觉上突出要点，也是为了提高界面内交互过程的效率。

图1-35　科技信息网站

1.5.2 手机应用界面

应用（Application，以下简称App），作为安装在智能手机上的各类应用程序，具有弥补手机原始系统功能缺陷以及赋予手机个性化特色的重要功能。

在手机中，软件的界面设计多遵循平面设计风格的原则，这种设计方式传达信息准确无误，被广泛应用于设计领域。其特点在于保持界面环境整洁、交互设计严谨、元素排列整齐，以及引导用户进行理性化操作。这种设计风格不仅能使界面更具美感，还能够帮助用户更加高效地完成操作任务（图1-36）。

多版本的手机App转换便于用户在台式电脑、平板电脑等各种不同类型的设备终端上畅享交互操作的便利。此外，软件交互界面的快捷流畅以及丰富的互动元素，使得手机App的UI设计在图像设计的基础上达到全新的交互体验高度（图1-37）。

（a）购物App界面

（b）美食App界面

图1-36 购物、美食手机App界面

图1-36（a）：购物App界面将商品竖向排列，便于用户快速查阅。

图1-36（b）：美食App界面内容诱人，横向排列能让用户有选择性地点击阅读。

图1-37（a）：理财App界面功能与内容信息量大，采取图标式设计，能在有限的界面中注入更多信息。

图1-37（b）：学习App要强化学习效果，图片较大，间距较开阔，便于识读与记忆。

（a）理财App界面

（b）学习App界面

图1-37 手机理财、学习App界面

要打造一款让用户流连忘返的交互设计，关键在于充分利用视觉、触觉、听觉等多种感官元素，构建丰富多样的交互空间，并协调好各元素之间的关系。通过巧妙运用视差效果，可以有效打破平面设计的局限性，为用户提供更为立体的视觉体验。此外，设计者还可以通过轴线定位等方法，在手机界面中营造出三维空间的感觉，让用户仿佛置身其中，畅享互动的乐趣（图1-38、图1-39）。

图1-38 手机锁屏设计

图1-38：手机锁屏界面以密码输入为主，密码有数字与字母之分，界面中每个按钮兼顾数字与字母并有亮化设计。

图1-39 手机界面设计

图1-39：适当缩放元素也是扩展空间维度的设计方法。在手机App界面设计中，设计师需要考虑用户如何在视觉上适应不同空间层次中的交互场景，对元素的安排要能满足不同场景的设计需求，让用户在虚拟的界面中也能感知到如同现实世界中的物理特性。

1.6 UI设计行业发展状况

随着市场需求的不断演进，UI设计这一领域也在持续拓展其边界。智能设备的UI设计，因其使用对象的差异和技术发展的日新月异，呈现出多样性。目前，智能设备的市场格局主要涵盖了移动智能设备、智能家居设备和智能穿戴设备三个部分。

移动智能设备无疑是我们日常生活中接触最多的智能设备类别，包括广为人知的电脑和手机。然而，智能家居的UI设计则呈现出另一种景象。在这个领域中，UI设计需要适应的设备包括各种家用电器，如可以通过触摸感知来调节亮度的台灯等。

智能穿戴设备，以其更加生活化的形象，越来越受到人们的欢迎。例如，可以实现上网功能的智能手表与智能手环，都是此类设备的典型代表。这些设备的设计，不仅需要考虑到其功能的实现，更需要兼顾到其与人体接触的舒适性和使用的便捷性（图1-40）。

在个人计算机操作系统或服务器操作系统市场，竞争同样激烈。满足个体用户的主观意识，提供多任务操作系统的服务器已经成为主流的交互系统。为了更好地满足用户需求，系统需要不断优化和升级，以提供更出色的交互体验（图1-41）。

图1-40（a）：智能手表的界面是手机界面的浓缩版，能随时切换不同页面，满足用户的使用需求。

图1-40（b）：通过操控手机界面，调节台灯光色与亮度，同时界面中的色彩也会发生相应变化。

图1-40（c）：智能眼镜是一种头戴式显示器，无需拿起手机或终端设备，就能观看并操控。

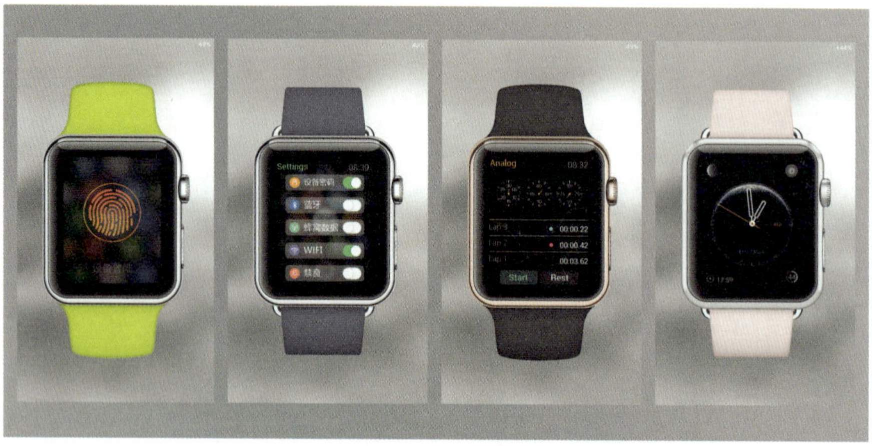

（a）智能手表

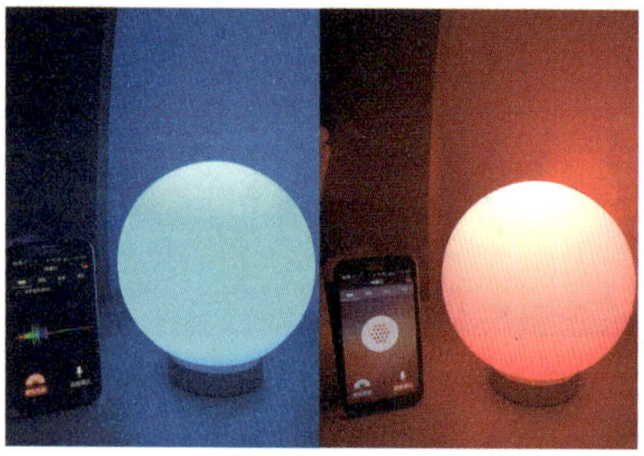

（b）智能台灯

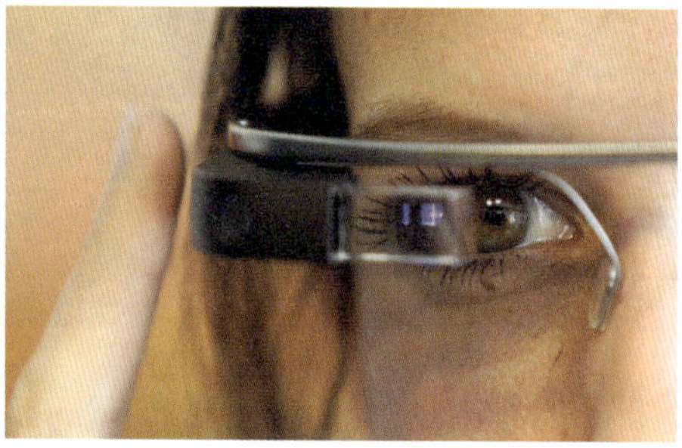

（c）智能眼镜

图1-40　智能设备交互模式

图1-41　服务器设备推广界面

图1-41：运用国际化“少即是多”的设计理念设计服务器设备推广界面，这一理念要求图形窗口界面和元素从简，用户只要具备简单的学习基础和初步的了解就能轻松驾驭，这样的设计理念是受众群体最广泛的交互模式。

本章小结

本章主要介绍了UI设计的基本概念，其是通过图形、文字、颜色、布局等元素来呈现和满足用户需求，从而使用户能够更轻松、高效地使用产品。其中视觉设计是UI设计的表层，主要包括色彩、图标、字体等元素的搭配和布局。交互设计主要研究用户在使用产品过程中的操作流程和方式。它关注用户在使用过程中与产品的互动，包括操作逻辑、手势、反馈等。良好的交互设计能够使用户更容易掌握产品，提高使用效率。用户体验设计是UI设计的灵魂，它关注用户在使用产品过程中的感受和需求。用户体验设计需要深入了解用户的需求和习惯，从而为用户提供符合期望的产品体验。

课后练习

1）简述UI设计的概念。

2）UI的构成离不开哪三项原则?

3）购物类界面中的UI元素通常具有哪些特点?

4）你身边有哪些常见的UI设计?

5）你认为网站类UI和软件应用中的UI有哪些不同?

6）选择一款应用，对其中UI元素和界面环境之间的联系进行分析。

7）选择一个网站，评析其中UI元素的色彩搭配是否合理。

8）浏览中华人民共和国中央人民政府网站，分析其网站的UI设计特征，从UI设计元素的造型、色彩、布局三个方面来说明。

2 UI设计基础知识

学习难度：★★☆☆☆

重点概念：用户交流、设计原则、交互原则

章节导读

审美理念、人文素养以及用户心理在UI设计中扮演着关键角色。在设计流程中，最为重要的一环便是确立设计目标。企业的理念应高于创意，且先于创意，设计师必须首先明确企业的经营理念，然后才能据此制定设计创意，如此才能创造出卓越的设计作品。

最终的设计作品不仅应体现出企业的气质形态，还应能引发人们的美好联想（图2-1）。

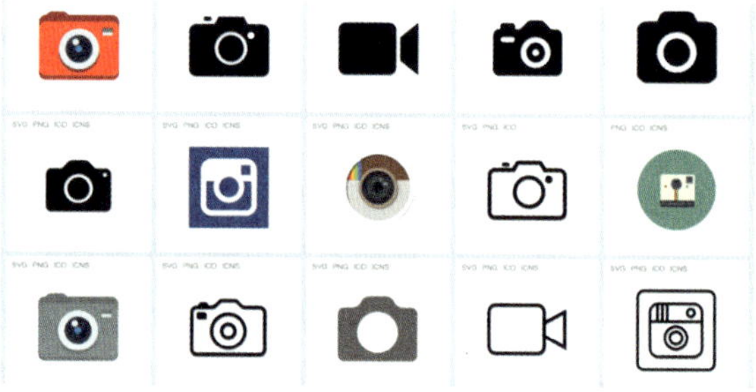

图2-1　UI相机图标样式

图2-1：相机图标应该简单明了，易于用户识别。在UI设计中，相机图标应该包含一个矩形框架，以及一个圆形镜头。在设计图标时，确保图标足够简单，不会让用户感到困惑或难以理解。

2.1　定位服务对象

UI设计的流程，首先是基于用户体验进行规划，设计师根据用户的操作需求来设定界面元素，然后参与到程序的设定阶段，对操作的合理性进行设计，并对用户进行调研验证，不断修改设计方案，直到用户满意为止。后期的用户反馈阶段同样重要，因为在这个阶段，用户体验起到了决定性作用。

在设计初期，设计师需要综合考虑用户调研结果、技术支持和市场潜力，对设计目标进行预估。这个过程是交互设计师通过对比和整理各种数据资料，形成的初步市场模型。这个模型涵盖了软件、产品、服务和用户等各个系统要素（图2-2）。

在创建适合用户的界面过程中，将设计对象的功能和行为通过线框图进行表述至关重要。在常见的基础界面设计中，为了详细描述设计对象的细节和操作流程，设计师通常采用分页或包含相关部分注解的分屏模式，这些都能准确定位对象。交互设计师可以通过设计原型来测试设计方案（图2-3）。

图2-2　VR眼镜用户需求

图2-2：在设计VR眼镜的UI时，应将简洁性摆在首位，避免视觉元素的过多堆砌，以免干扰用户的视线。图标与文字的清晰度和易辨识性也至关重要，以便用户能迅速理解其含义。在塑造三维虚拟环境时，UI设计应尽可能与现实世界中物体大小、远近等关系与虚拟环境保持一致。

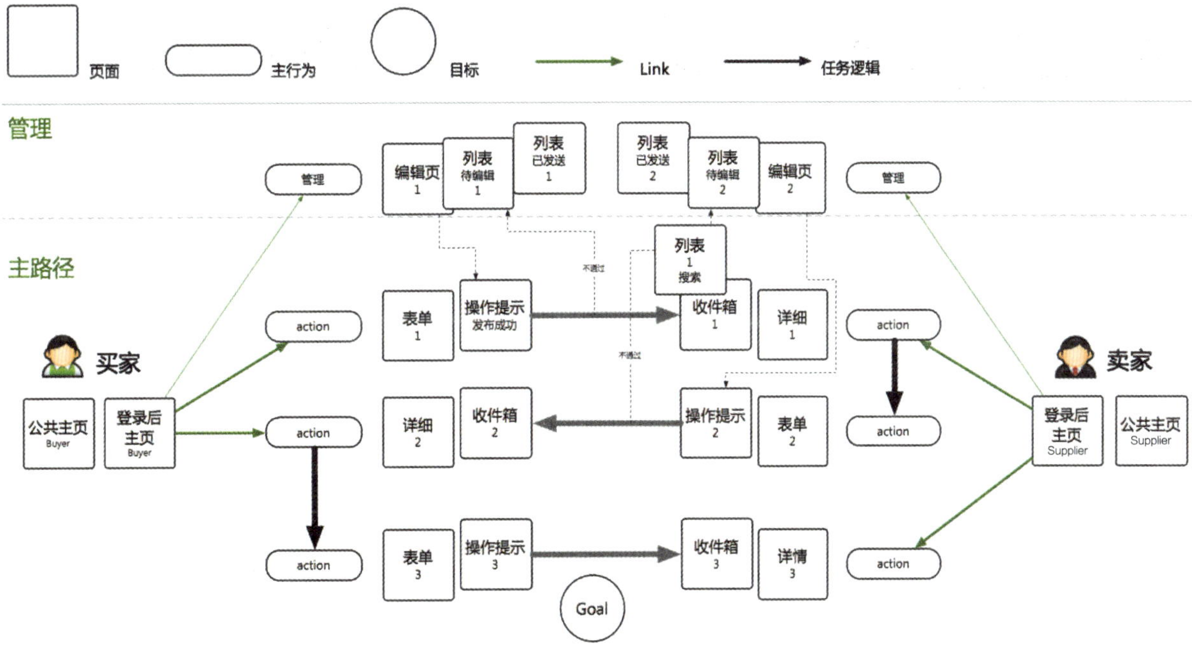

图2-3　买家与卖家交互流程设计

图2-3：在买家与卖家交互流程设计中，始终以用户需求为导向，关注用户体验，提供简单易用，符合用户习惯的交互设计。交互设计要清晰明确，让用户一目了然，知道如何操作。尽量减少用户的操作步骤，降低用户的学习成本。提供详尽的信息，使用户在购物过程中能够充分了解商品及服务详情。确保用户信息及交易安全，为用户提供安全、可信赖的购物环境。

针对预设的目标群体，结合原型图来调整文章的风格、色调、界面、窗口、图标以及质感等关键元素，这是为其量身定制视觉设计和界面的重要步骤。在此过程中，与开发人员、调研人员协同合作，共同完成相关成果。

在最后的完善阶段，需要汇集多领域的专业知识，并邀请相关部门共同参与，甚至可能需要用户的协助，以便收集用户体验回馈和测试回馈等关键信息。在此基础上，应根据可行性建议对交互设计进行优化和完善。对于大多数交互类产品而言，明确服务对象是设计的基石（图2-4）。

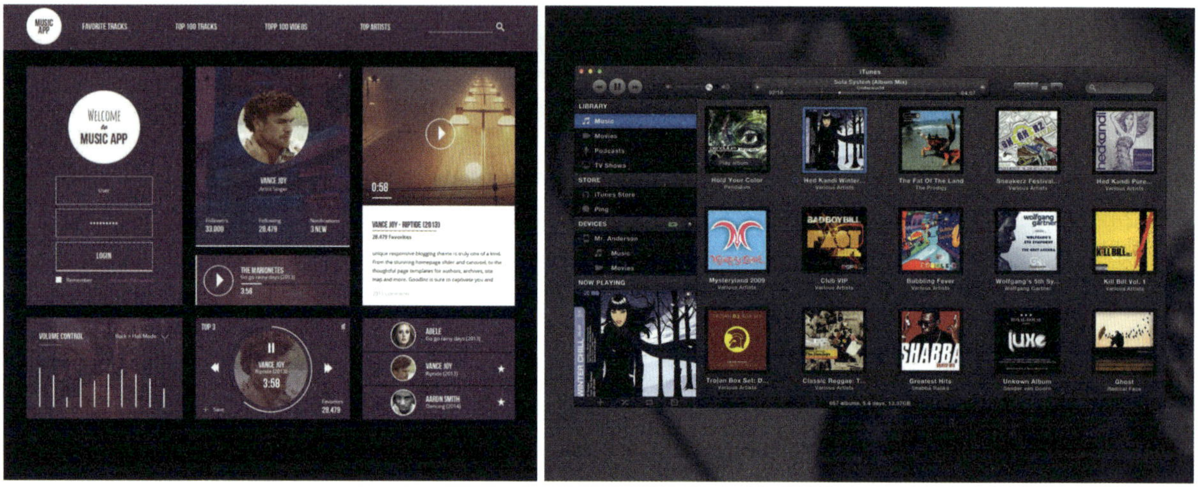

（a）并列分体界面　　（b）集中界面

图2-4　音乐播放器创建界面

图2-4（a）：并列分体界面使播放器中的各项功能一目了然，功能分块设计，整齐排列，每个模块都能匹配一项独立的操作功能。

图2-4（b）：集中界面能预览多种音乐曲目，随时切换音乐，但是对UI设计的要求不高，大多视觉突出的形象是音乐封装设计图片。

2.2　常用软件

UI应当根据UI元素所属的类别，选择合适的软件工具进行操作。UI元素的风格和形式各具特色，因此，能够使用的UI设计软件也种类繁多。这些软件主要包括图像处理软件如Adobe Illustrator、Adobe Photoshop、Fireworks和CorelDRAW，管理设计软件如Axure RP、Sketch及Microsoft Visio，以及视频剪辑软件如Adobe After Effects和Adobe Premiere。这些软件相互协作，通过使用专业的插件，可以实现多样的UI元素设计。

2.2.1 图像处理类

（1）Adobe Illustrator

Adobe Illustrator，常被称为“AI”，以其卓越的性能广泛应用于出版、多媒体和在线图像领域。这款强大的工具无论是用于海报、书籍排版，还是专业插画、多媒体图像处理以及互联网页面的制作，都能游刃有余，精准控制线稿，适应从小型设计到大型复杂项目的各种需求。其在UI设计中的表现也同样出色，各种风格的图标设计都能轻松应对（图2-5）。

（2）Adobe Photoshop

Adobe Photoshop，是一款被全球设计师亲切地称为“PS”的图像处理软件，由Adobe Systems精心打造并发行。以其独特的像素处理技术，为用户提供了丰富的编修与绘图工具，可以进行各种图片的编辑工作。PS功能强大，覆盖图像、图形、文字、视频、出版等领域。作为Adobe家族的代表性设计软件，PS不仅是一款软件的名称，更成为图像处理的代名词。在UI设计中，PS主要负责图像绘制和界面绘制调整等关键设计工作（图2-6）。

图2-5 Adobe Illustrator

图2-5：Adobe Illustrator主要功能是矢量图设计，也是UI设计的主流设计软件，能通过贝塞尔曲线工具调节图形轮廓，获得真实、细腻的图形效果。

图2-6：Adobe Photoshop主要功能是图片处理，对位图图像进行调整、变化、合成、分离，最终获得视觉审美较高的合成图片。

图2-6 Adobe Photoshop

– 补充要点 –

Adobe Photoshop的发展

作为一款功能强大的图像处理软件，Adobe Photoshop也在跟随设备发展不断更新。2003年，Adobe Photoshop 8被更名为Adobe Photoshop CS。2013年7月，Adobe公司推出了新版本的Photoshop CC，自此，Photoshop CS6作为Adobe CS系列的最后一个版本被新的CC系列取代。2016年12月，Adobe Photoshop CC2017为市场最新版本。Adobe支持Windows操作系统、安卓系统与Mac OS，Linux操作系统用户可以通过使用Wine来运行Photoshop。

（3）Fireworks

Fireworks是Adobe公司精心打造的一款网络图像创作工具，它能够助力Web设计与开发，成为创建和优化网络图像、快速搭建网站和Web界面原型的首选利器。它不仅拥有编辑矢量图形和位图图像的灵活性，还提供了一个预先构建资源的公用库，从而简化网络图形设计的工作难度（图2-7）。

图2-7　Fireworks

图2-7：Fireworks可以与Adobe Photoshop、Adobe Illustrator、Adobe Dreamweaver和Adobe Flash等软件无缝集成，将设计快速转变为模型，或者利用来自Illustrator、Photoshop和Flash的其他资源实现图像切割、动态特效、按钮连接等操作。

（4）CorelDRAW

CorelDRAW是加拿大Corel公司一款卓越的平面设计软件。它被誉为矢量图形制作的利器，为设计师们提供了丰富实用的功能，包括矢量动画、页面设计、网站搭建、位图编辑以及网页动画等。这个软件套装包含两个强大的绘图应用程序，一个专门用于矢量图和页面设计，另一个则专注于图像编辑。这套绘图软件为用户提供了强大的交互式工具，帮助用户轻松创造出各种富有动感的特效和点阵图像即时效果，且无需担心会丢失当前的工作进度。通过CorelDRAW全方位的设计和网页功能，用户可以将其无缝融入现有的设计方案中，展现出极高的灵活性。

对于专业设计师来说，CorelDRAW提供了精确的UI图形设计功能，同时，其智能绘图工具和新的动态向导大大降低了操控难度，使用户可以更精确地创建物体的尺寸和位置，减少点击步骤，节省设计时间（图2-8）。

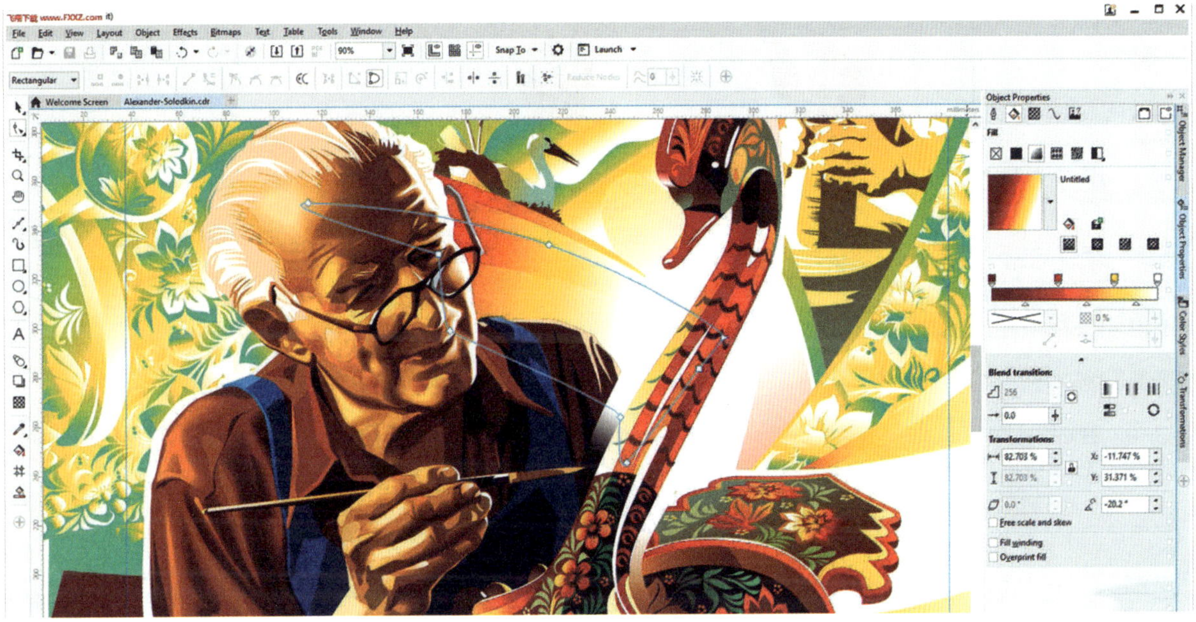

图2-8 CorelDRAW

图2-8：CorelDRAW与Adobe Illustrator的功能基本一致，但是在新版本中融合了更多网络设计功能。能配合专业插件，为用户打造出强大的交互式界面。设计师可以创造出各种含有动态效果的视觉效果。

2.2.2 管理设计类

（1）Axure RP

Axure RP，一款由Axure Software Solution公司开发的专业的快速原型设计工具，是该公司的旗舰产品。这款工具为负责定义需求和规格、设计功能和界面的专家们提供了便捷，使他们可以迅速构建应用软件或Web网站的线框图、流程图、原型和规格说明文档。Axure RP不仅专业，而且高效，能迅速创建原型，还支持多人协作设计和版本控制管理，这在同类产品中是独一无二的（图2-9）。

（2）Sketch

Sketch是一款易用性很高的矢量图设计软件，通常应用于设计师对UI元素的样式绘制。Sketch矢量绘图也是目前对软件图标以及网站元素绘制效果较好的软件之一。Sketch绘制风格倾向于素描，使用者需要旋转左右两个旋钮来控制面板上的画笔描绘出想要的图像，并且实现上色。除了绘制和编辑功能之外，Sketch同样添加了模糊和色彩校正等常用的位图工具。Sketch容易理解且操作简单，有绘图经验的用户不需耗费太多时间和精力便能轻松驾驭该款软件（图2-10）。

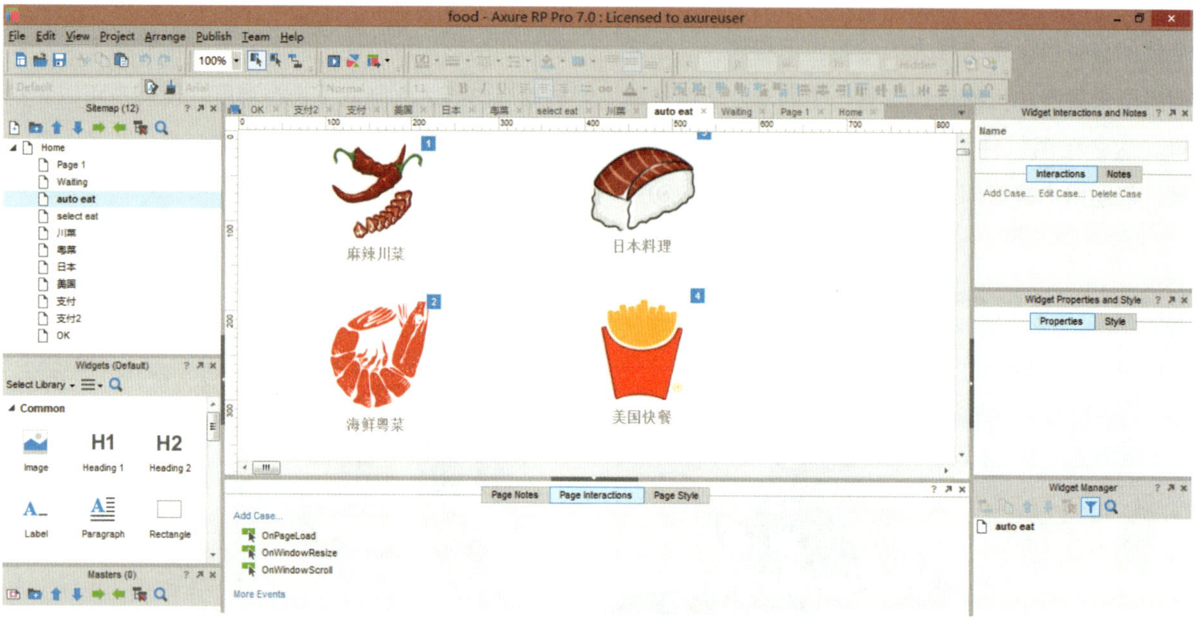

图2-9 Axure RP

图2-9：在UI设计中，Axure RP的主要运用范围是绘制原型图。作为UI设计师，能够帮助设计师更好地理解用户需求，优化界面设计，提高用户体验。

图2-10：Sketch的操作原理较为贴近传统的绘制方式，对用户无太多专业性要求，基本功能可以满足绝大多数操作需求。在一些较为普通的产品设计上，Sketch可以协助Adobe Photoshop、Adobe Illustrator和Fireworks完成前期绘制工作。Sketch的设计不局限于绘图空间内的规模和层次，有一定设计能力的用户可以运用Sketch中的简单操作，绘制出视觉效果强烈的矢量图。

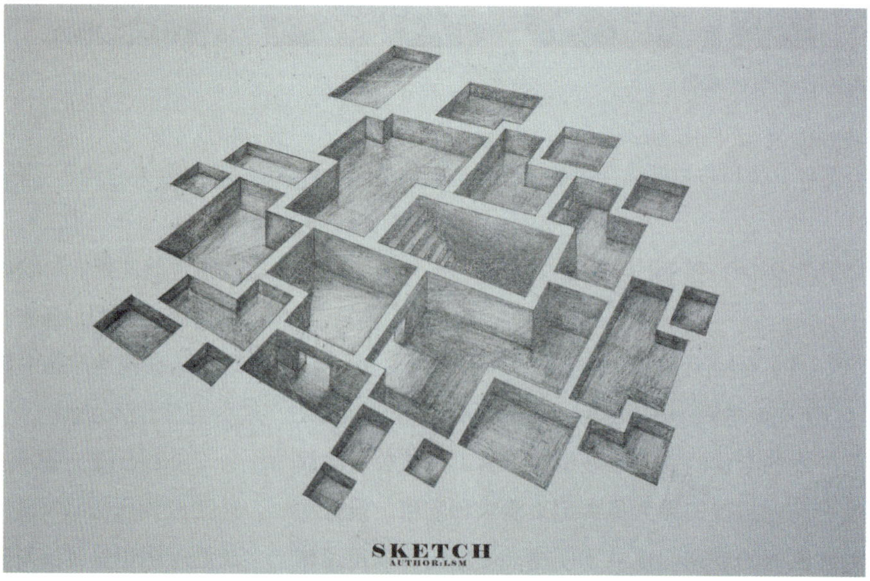

图2-10 Sketch

（3）Microsoft Visio

Microsoft Visio专长于构建流程图和示意图，能用于可视化、分析和交流复杂的信息、系统和流程。借助专业级的Microsoft Visio图表，能够更有效地理解和管理复杂的系统和流程，从而深入挖掘这些信息的价值，为业务决策提供有力的支持。

Microsoft Visio致力于帮助用户创建具有专业外观的图表，以便更好地理解、记录和分析信息、数据、系统和过程。与大多数图形软件程序不同，Visio并不依赖于艺术技能，而是以其独特的可视化方式传递重要信息。用户可以轻松打开模板，将形状拖放到绘图中，对即将完成的工作应用主题，实现信息的有效传递（图2-11）。

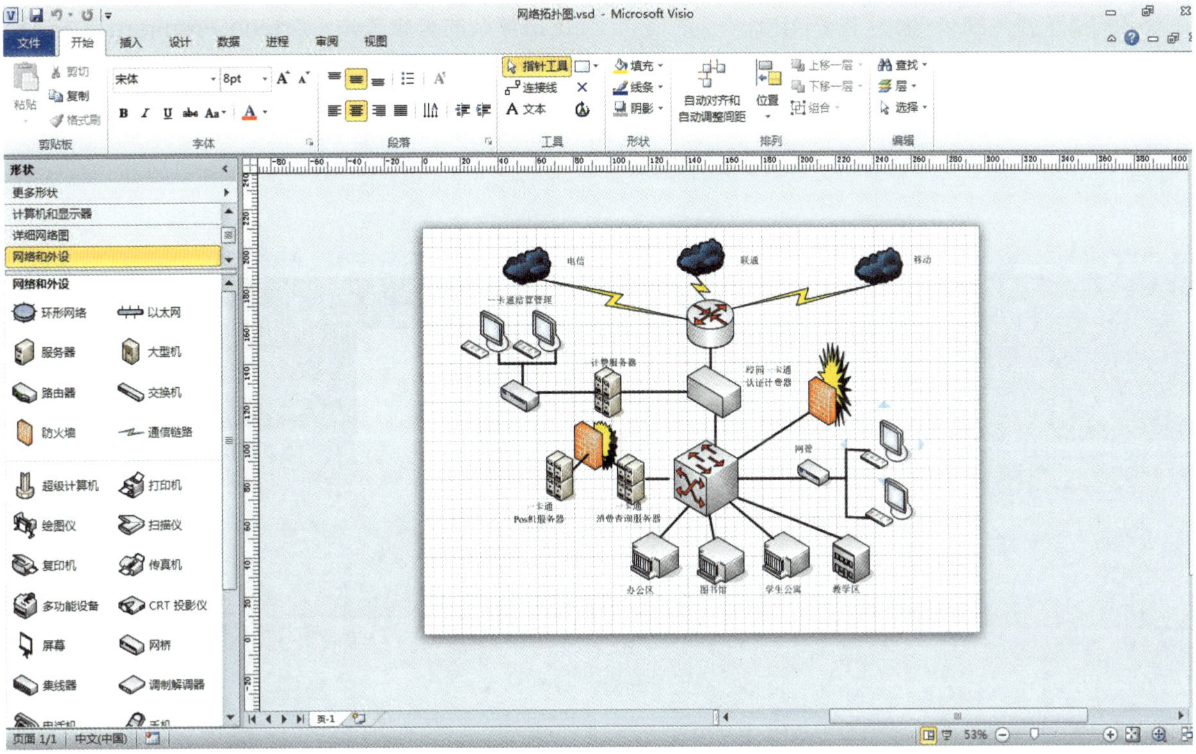

图2-11　Microsoft Visio

图2-11：Visio中具有大量素材，能快速绘制专业图表与UI图形，并将这些图形进行关联，形成组合图，用于表现复杂的UI互动操控界面。

– 补充要点 –

Visio的发展

1990年9月，Visio公司成立，起初名为Axon。1992年，更名为Shapeware。同年11月，发布第一款产品：Visio。1995年8月，Shapeware发布Visio 4，这是一个专门为Windows95开发的第一个应用程序。1995年11月，Shapeware将公司名字更改为Visio 1。2000年1月，微软公司以15亿美元股票交换收购Visio。此后Visio并入Microsoft Office一起发行。

2.2.3 视频剪辑类

（1）Adobe After Effects

Adobe After Effects，简称"AE"，是一款图形视频处理软件。这款软件广泛适用于从事设计和视频特效的各类机构，无论是电视台、动画制作公司，还是个人后期制作工作室以及多媒体工作室，都能从中获益良多。AE以其独特的后期处理功能，在众多同类软件中独树一帜（图2-12）。

（2）Adobe Premiere

Adobe Premiere是由Adobe公司研发并推出的视频编辑软件，已在我国广大的视频编辑领域中占据了重要的地位。它的版本繁多，满足了不同用户的需求。Adobe Premiere以优质的画面编辑效果和良好的兼容性受到了用户的青睐，更值得一提的是，它还能与Adobe公司其他软件进行无缝对接，提供强大的协同工作能力。Adobe Premiere的优异性能使其在广告制作和电视节目制作等行业中都有着广泛的应用。无论是精细的画面调整，还是复杂的剪辑工作，Adobe Premiere都能轻松应对，为用户提供了高效、专业的视频编辑体验（图2-13）。

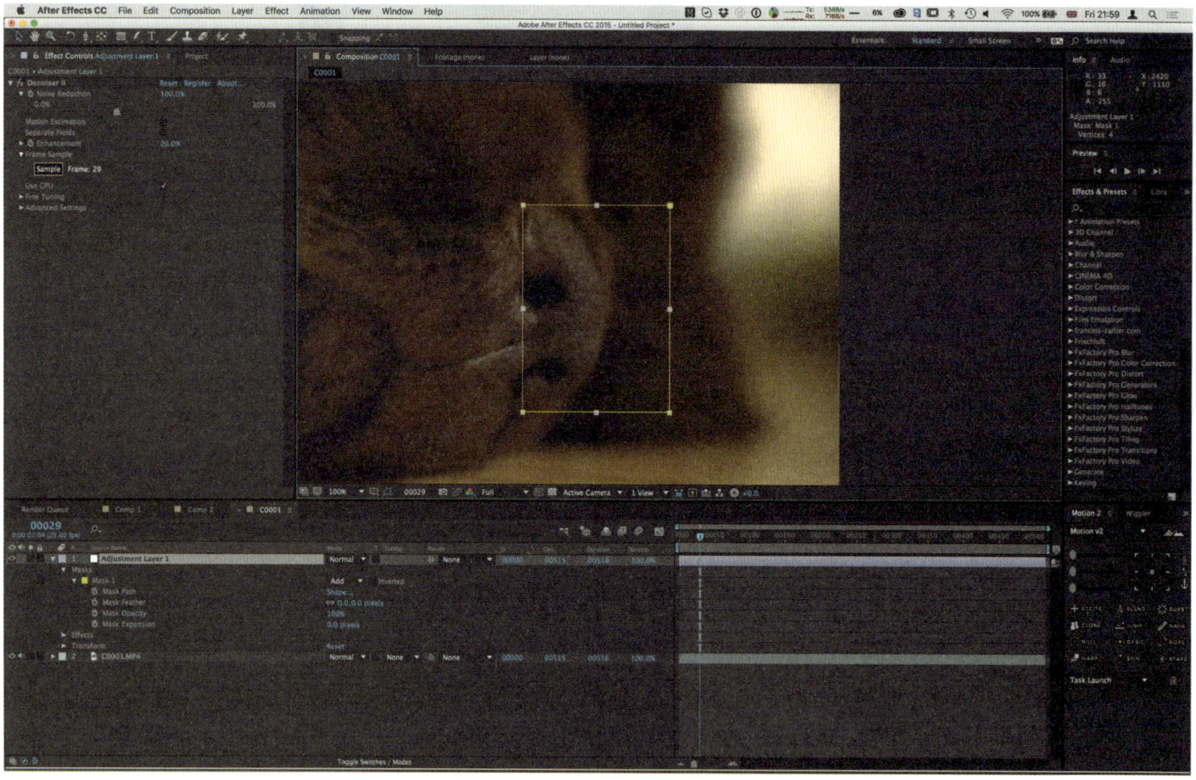

图2-12 Adobe After Effects

图2-12：Adobe After Effects能高效且精确地创造出动态图形，无缝集成高度灵活的2D和3D合成技术，使设计师在进行电影、视频、DVD和Macromedia Flash作品创作时，可以轻松添加独特的视觉效果。

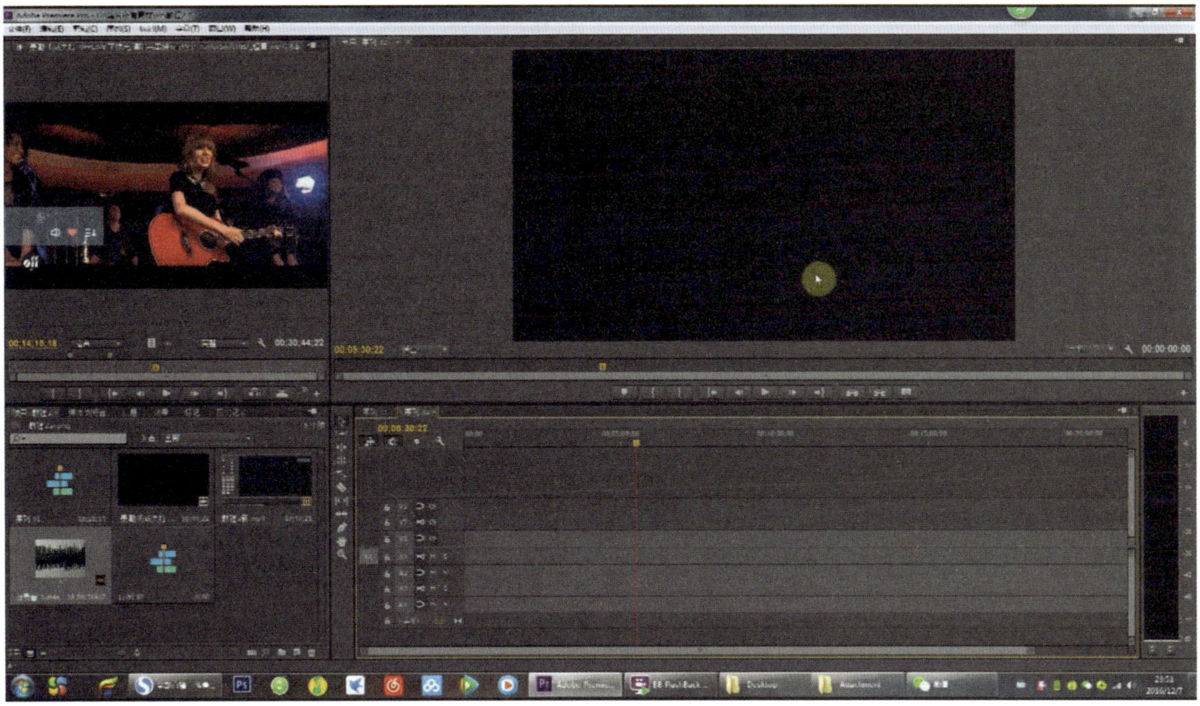

图2-13 Adobe Premiere

图2-13：Adobe Premiere能轻松导入、组织和管理视频素材，是目前主流的视频编辑软件，支持多种文件格式，配合UI设计获得动态视频文件。Adobe Premiere的编辑功能强大且灵活，用户可以在时间线上添加、移动和删除视频片段，调整片段的音量、颜色和特效，支持多种视频和音频轨道，用户可以根据需要自定义轨道布局。

2.3 版式设计

UI设计，无论是操作系统的界面设计，还是一个小小的图标，其交互对象形态和交互操作形式都丰富多样。相对应的制作技术和软件分类也极为精细。主流的UI设计工具在功能上各有专攻，除了可以运用在元素混合上外，也可以运用于单项作业（图2-14）。

UI元素在界面中的合理布局，以及如何清晰地呈现丰富的界面内容，使复杂的信息简化为简单的形式。通过精心的内容组织，用户可以轻松理解元素之间的关系，快速捕捉到设计者的意图。例如，在版面设计中，可以利用元素之间的包含关系，通过方位和方向的组织，实现自然排版（图2-15）。

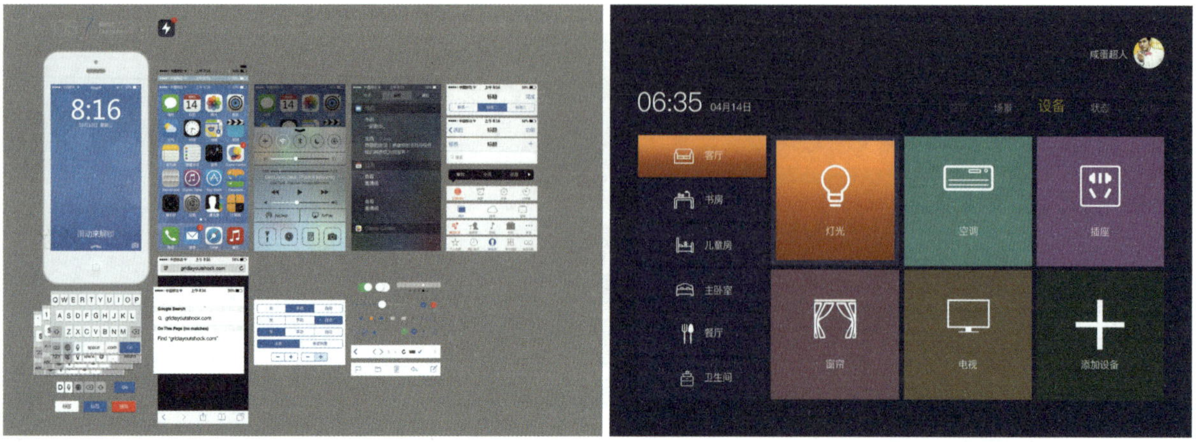

（a）手机界面　　　　（b）平板电脑界面

图2-14　UI元素布局

图2-14（a）：手机界面由于面积较小，需要有多级上下层界面组合承载使用功能，每一个层级的界面都需要统一设计，UI元素布局大多整齐有序，形成统一的视觉模式。

图2-14（b）：平板电脑界面面积较大，而且操作系统与手机基本一致，为了避免UI图形简单且放大后形成突兀感，UI元素底部要设计宽大的图形色块，提升这些元素的面积感。

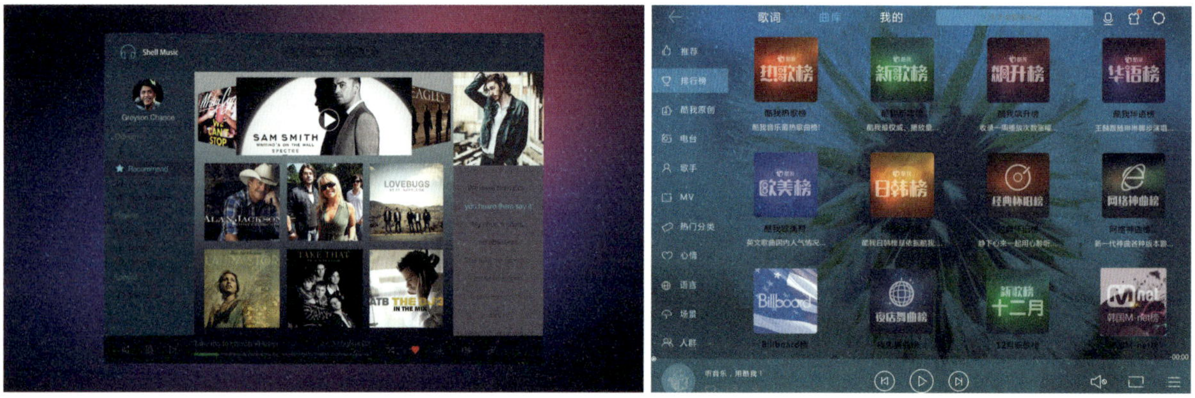

（a）单曲播放界面　　　　（b）分类界面

图2-15　音乐播放器UI设计元素

图2-15（a）：在界面设计中，要避免过度阐释和展示，应选择分层展示信息，使操作界面的交互选项更加明确。这样，用户可以根据界面的引导，逐步深入了解和操作界面，从而提升用户体验。

图2-15（b）：音乐播放器中的分类较多，每个类别之间的差异较小，UI设计主要以文字为主体，搭配渐变底色，形成较醒目的色彩对比效果。

当用户在界面上执行一个交互操作时，作为交互对象的UI元素会根据界面的需求进行适当区分，避免相似元素喧宾夺主。因此，在设计界面时，应尽量降低次要UI元素的视觉冲击力，或者在版面排列中降低其存在感。UI元素的排列分布应当清晰对应导航，使用户能够通过简单的操作轻松掌控界面交互。清晰度是UI元素版式设计中最重要的视觉效果（图2-16）。

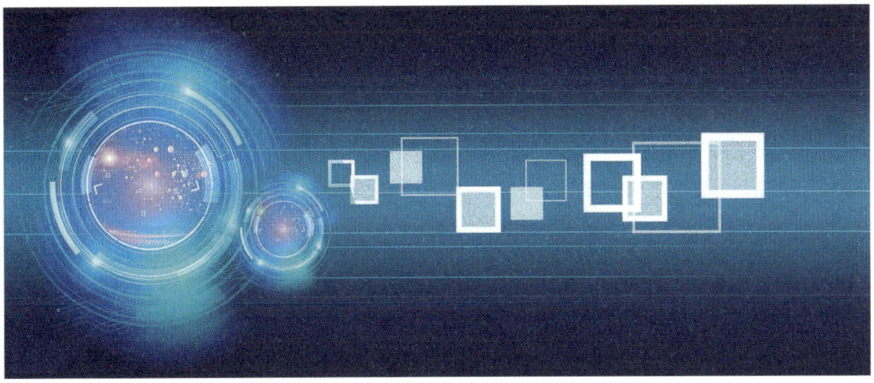

图2-16：图中白色方形图块是可点击的UI设计元素。白色方形图块形成横向布置，清晰的版面布局能让用户在有操作需求时准确识别元素，进而理解该元素所传递的信息，对交互操作的触发事件有清晰的认识。

图2-16　元素导航

2.4　交互设计

交互设计精髓在于灵活性，通过巧妙运用引导性策略，能够有效指引用户进行操作，实现无与伦比的交互体验。在理想的用户界面中，“帮助”文字选项几乎不会被用户所需要，因为界面已经足够清晰明了。为了确保用户能够简单、有效地使用界面提供的交互操作选项，需要构建一套完善的交互逻辑系统（图2-17）。

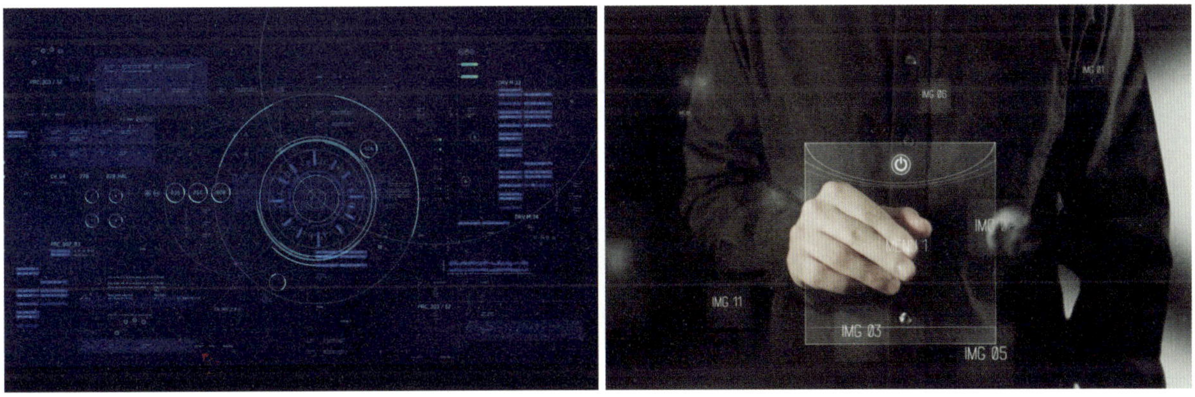

（a）多元素互动设计　　（b）触碰放大显示互动

图2-17　用户操作

图2-17（a）：如果界面面积够大，可以增加图标数量，并将其均衡排列。但是这种多元素设计，会导致用户在操作过程中频繁使用按钮、选项和其他附加组件，可能会使交互过程变得复杂，从而违背了简化界面、直接操作的初衷。

图2-17（b）：优秀的交互设计应能让用户直接操控，让交互过程变得自然。当用户能够触碰屏幕图形元素时，往往能获得最佳的用户体验。

本章小结

本章介绍了UI设计中的定位服务对象、常用软件、版式设计与交互设计。首先要明确的是服务对象。UI设计需要针对不同的用户群体进行定位，以满足其需求。熟练掌握一些常用的设计软件是非常重要的，通过设计软件制作的版式能提升用户的体验感，让用户更愿意使用产品。

课后练习

1）定位服务对象对于UI设计有怎样的意义?

2）UI设计的常用软件有哪些?

3）Photoshop是一款怎样的软件? 具有哪些功能?

4）你怎样看待UI元素与界面环境之间的联系。

5）你知道哪些矢量图绘制软件? 分别有哪些特点?

6）在生活中有哪些常见的交互设计? 它们的交互方式是什么?

7）浏览中国人民革命军事博物馆网站，分析网站的红色UI元素设计细节，分析说明红色UI元素的设计流程。

3 UI构成元素管理

学习难度：★★★★☆
重点概念：色彩搭配、组成元素、审美理念

章节导读

在用户界面设计中，色彩和文字的搭配以及比例的调配，都对用户的体验感产生直接影响。设计师在设计UI元素时，需要科学选择色彩，在空间中合理排列图像和文字，这些元素都是用户界面的关键因素。色彩的组合可以传递出不同的视觉效果，产品的属性也可以通过多种形式进行表述。因此，了解和分析组成UI元素的每个细节部件所包含的属性和特性，是做好界面设计的基础（图3-1）。

图3-1：色彩的选择应考虑到用户的心理反应和产品的特性。如红色通常被用来表示警告或紧急情况；绿色通常被用来表示安全或环保；蓝色通常被用来表示信任或冷静；紫色通常表示特殊或较高级的事物。当然，色彩搭配也应考虑到用户的阅读习惯和产品的可读性。

图3-1　色彩元素

3.1　基础配色

丰富多样的UI造型在选择色彩的搭配上有一定技巧，要针对不同UI元素选择颜色。

色彩的世界浩瀚无垠，其基础配色知识更是丰富多彩。色彩在视觉上可以分为两大阵营：无彩色系和有彩色系。无彩色系的颜色饱和度为零，此类颜色包括黑、白、灰，它们在视觉上不产生任何色彩的感觉。而有彩色系则与之截然不同，其颜色丰富多彩，具有三个基本特性：色相、纯度（也称彩度、饱和度）、明度。在色彩学的领域里，这三个特性被称为色彩的三大要素或色彩的三属性（图3-2）。

（a）色相融合

（b）色相卡

图3-2　丰富的色彩

图3-2（a）：不同色彩融合过程中会产生渐变，由一种色相转变为另一种色相，转变过程中为了提升融合感，会加入深色或浅色来改变明度效果，这样融合的效果会更好。

图3-2（b）：多种色相之间具有一定的过渡变化，将同色系色彩分配到色相卡上，方便选色、配色。

3.1.1　颜色分类

（1）无彩色系

无彩色系是指白色、黑色和由白色、黑色调和形成的各种深浅不同的灰色。无彩色系按照一定的变化规律，可以排成一个系列，由白色渐变到浅灰、中灰、深灰到黑色，色度学上称此为黑白系列。在UI设计中，选择无彩色系的UI元素，多是基于“少即是多”的创作理念。

无彩色系的颜色只有一种基本性质——明度。它们不具备色相和纯度的性质，也就是说它们的色相与纯度在理论上都等于零。色彩的明度可用黑白度来表示，越接近白色，明度越高；越接近黑色，明度越低。黑与白作为颜料，可以调节物体色的反射率，使物体色提高或降低明度。这种特性使得黑色、白色、灰色在UI设计中具有极高的实用价值，可以作为调节整体设计明度、对比度的工具，使得设计的视觉效果更为和谐（图3-3）。

（2）有彩色系

在视觉艺术的世界里，色彩是一种强大的表现手段，可以营造出强烈的视觉冲击力。色彩是一种视觉现象，我们通过眼睛感知它，并在大脑中产生反应。彩色是指红、橙、黄、绿、青、蓝、紫等颜色。

这些颜色不仅具有独特的视觉特征，还具有丰富的情感内涵。有彩色系是由光的波长和振幅决定的。波长决定色相，振幅决定色调（图3-4）。

（a）黑白放射渐变

（b）黑白过渡渐变

图3-3　无彩色渐变

图3-3（a）：通过使用黑白放射渐变，可以在视觉上区分不同的渐变效果，使用户能够快速地识别和理解信息。

图3-3（b）：黑白过渡渐变能产生合适的灰色，用于精确填充图形元素或区域，与其他彩色形成对比。

（a）色彩交替搭配

（b）色彩渐变搭配

图3-4　有彩色系

图3-4（a）：色彩交替搭配会产生强烈的冲突，让人感到杂乱，但在单一色彩中再进行明度和纯度变化，即采用高光和反光来表现气球的体积，会让强烈的色彩对比显得柔和。

图3-4（b）：色彩渐变搭配根据色相环顺序组合搭配，其间也搭配稍许明度变化，形成丝滑的光泽感。

3.1.2 色彩概念

色相、纯度、明度是色彩学中的三大要素，它们共同构成了色彩的三个基本属性，是营造UI元素视觉效果质感的关键。在设计中，正确理解和运用这三个要素，能够创造出极具吸引力的视觉效果。

（1）色相

色相是由射入人眼光线的光谱成分决定的。光谱是光线中所包含的各种颜色的比例。例如，在单色光中，色相的面貌完全取决于该光线的波长；而在混合色光中，色相则取决于各种波长光线的相对量。

这些颜色能被物体呈现出来，是因为物体表面具有反射和透射特性。物体的颜色，是由光源的光谱成分和物体表面反射或透射的特性共同决定的。当光线照射到红色的物体上，物体会吸收红色之外的所有光线，只反射红色光线，于是我们就看到了红色。而当光线照射到白色的物体上，物体会吸收所有颜色的光线，所以我们看到的就是白色（图3-5）。

（2）纯度

色彩的纯度是指色彩的纯净程度，它表示颜色中所含有色成分的比例。这是一个看似简单的概念，却蕴含着丰富的科学原理和艺术价值。色彩的纯度直接影响到人的视觉体验，进而影响到人的情感和审美。

（a）色相环

（b）色相环衬底的UI图标

图3-5　色相

图3-5（a）：色相环表现出不同色彩之间的渐变关系。主要为红、黄、蓝三原色与橙、绿、紫三间色交替呈现，形成丰富且可选用的色彩模型。

图3-5（b）：以柔和的色相环衬底，设计出具有立体感的UI图标，搭配白色外框，能呈现出丰富的色彩。

色彩的纯度主要为漫反射和全反射。漫反射和全反射是物体表面结构对色彩纯度的影响。如果物体表面粗糙，其漫反射作用将使色彩的纯度降低；如果物体表面光滑，全反射作用将使色彩比较鲜艳。这两种反射方式的不同，导致了色彩纯度的差异，从而影响了的视觉体验（图3-6）。

（3）明度

明度是指色彩的明亮程度，它反映了各种有色物体反射光量的差异，从而导致了颜色明暗强弱的差异。色彩明度有两种情况：一种是同一色相不同明度。例如，同一颜色在强光照射下显得明亮，弱光照射下显得较灰暗模糊。这是因为强光能够使颜色的反射光量增多，从而使颜色看起来更明亮。反之，弱光则会使颜色的反射光量减少，导致颜色看起来更灰暗。这就是明度对颜色的影响。另一种是同一颜色加黑或加白掺和以后也能产生各种不同的明暗层次。例如，红色加黑色会变成暗红色，加白色则会变成粉红色。这是因为黑色和白色能够吸收或反射光线，从而改变颜色的明度。

色彩的明度变化往往会影响纯度。例如，红色加入黑色以后明度降低，同时纯度也降低。这是因为黑色能够吸收光线，从而减少了红色反射的光量，使红色看起来更暗，纯度也相应降低。如果红色加白，则明度提高，纯度却降低了。这是因为白色能够反射光线，增加了红色反射的光量，使红色看起来更亮，但同时也稀释了红色，使纯度降低（图3-7）。

（a）红色纯度渐变

（b）高、中、低纯度对比

图3-6　纯度对比

图3-6（a）：红色经过纯度渐变后，向深色区域渐变的部分对比较强，向浅色区域渐变的部分对比较弱，在UI设计中，选用偏深的红色为佳。

图3-6（b）：不同色彩由高纯度向低纯度渐变时，会呈现出一致化，即所有色相都变得不明显了。在UI设计中，要保持色彩的显色效果，不宜选择品种过多的色彩来降低纯度。

（a）单色明度对比

（b）对比色明度对比

图3-7　明度对比

图3-7（a）：对同一种色彩进行明度调和对比，从中选择符合UI设计主题的对比效果，其中浅色占据30%，中色占据50%，深色占据20%，是较完美的单色明度对比效果。

图3-7（b）：有彩色的色相、纯度和明度三特征是不可分割的，应用于UI元素时，可以选择一对对比色来变化明度，如黄色与紫色，分别进行明度过渡变化，从最终形成的色彩关系中选择合适的色彩效果运用到UI设计元素中。

3.1.3　色彩视觉

（1）色彩冷暖感

色彩是我们生活中无处不在的元素，以其独特的视觉效果，影响着人们的情感，左右着人们的审美。色彩在人类的视觉经验中，形成了一种固定的心理联想。

①暖色。如红色、橙色、黄色等，它们是太阳的颜色，是火焰的颜色，是热血的颜色时。当人眼看到这些颜色时，就会感觉到温暖、热烈、活跃、开放。这些颜色常常被用来表现热情、活力、爱情等，也常常被用来装饰节日，使节日氛围更加喜庆、热闹。

②冷色。如蓝色、绿色、紫色等，它们是天空的颜色，是冰雪的颜色，是海洋的颜色。当人眼看到这些颜色时，就会感觉到寒冷、理智、冷静、文雅。这些颜色常常被用来表现理智、成熟、稳重等性格，也常常被用来装饰日常生活中的各种物品，使人感觉宁静、舒适。

③中性色。如黄绿色、蓝绿色、蓝紫色等，它们既不暖，也不冷。黄绿色、蓝绿色使人联想到草、树等植物，产生青春、生命、和平等感觉。蓝紫色使人联想到花卉、水晶等稀贵物品，容易产生高贵感、神秘感。

可以用不同的词汇表述色彩的冷暖感觉，例如，暖色——阳光、不透明、刺激的、稠密、深的、近的、重的、直线型、扩大、稳定、热烈、活泼、开放等；冷色——阴影、透明、镇静的、稀薄的、淡的、远的、轻的、微弱的、湿的、理智、圆滑、曲线型、缩小、流动、冷静、文雅、保守等（图3-8）。

（2）色彩的空间感

在设计用户界面时，色彩的搭配是一门艺术，也是一种科学。色彩可以对人的视觉产生重要影响，可以改变情绪，影响人们的购买决策，甚至改变一个空间的氛围。色彩还能影响用户的感知，在设计用户界面时，应当根据内容的需要和用户喜好，巧妙运用色彩，创造出层次丰富的空间感（图3-9）。

（3）色彩的质感

色彩的质感源于色彩的明度，也与纯度密切相关。明度越高，色彩的感觉越软；明度越低，色彩的感觉越硬。但白色是一个例外，当白色与黑色搭配时，有坚硬感，当颜色为灰白、牙白时，有柔软感。

（a）冷色

（b）暖色

图3-8 色彩冷暖

图3-8（a）：冷色会让人感到寒冷，想要远离。色彩倾向并不突出，色彩搭配种类较少，在明度上有所区分。

图3-8（b）：暖色会让人感到温暖，想要靠近，取色多来自食物，具有亲和力，从中能选择的色彩种类较多。

（a）暖色、高明度空间

（b）冷色、低明度空间

图3-9 色彩空间感

图3-9（a）：暖色、高明度色会让人觉得内容丰富、扩大、膨胀。高明度色彩区域仅集中在一处，表现出空间的指向性。

图3-9（b）：冷色、低明度色会让人觉得内容简洁、显小、收缩。低明度色彩区域分散在多处，最终让用户的视觉中心集中在明度相对较高的部位。

在色彩质感中，色相与色彩的软、硬感几乎无关。这是因为，色相是我们对色彩最基本的感知，主要反映了色彩的来源和属性，而不涉及色彩的质感。例如，红色和蓝色，虽然一个是暖色，一个是冷色，但它们的质感都是硬的，因为它们的明度和纯度都较高。色彩的质感不仅影响用户的视觉体验，也深深影响人们的心理感受（图3-10）。

（a）明度高、纯度低的色彩

（b）明度低、纯度高的色彩

图3-10　色彩质感

图3-10（a）：明度高、纯度低的色彩，让人感到舒适、温暖，如叶片、羽毛等。主体色彩占据画面比例较大，具有融合感。

图3-10（b）：明度低、纯度高的色彩，让人感到稳重、坚实，如石料、果实等。主体色彩占据画面比例较小，具有独立感。

3.2　图形与文字

UI设计的目标不仅是提供直观、易用的界面，还要以最有效的方式传递信息。要做到这一点，图形和文字这两大基本元素不可或缺。它们互相搭配，相辅相成，共同传递信息，为用户带来最佳的交互体验。

3.2.1　图形

图形是人们获取信息的主要途径。大约有75%的信息通过视觉方式进入人的大脑。纸介质、照片、电视、计算机屏幕等，都是现代UI设计中不可或缺的一部分。

图形中客观地包含了被描述对象的有关信息，是主要信息源，并以生动性和真实性吸引人们的目光。无论是新闻报道、广告宣传，还是艺术创作，图形都是最直接、最有效的表达方式（图3-11）。

图形处理主要由光学设备在模拟模式下进行，这些光学方法由于其并行特性，至今仍在很多应用领域占据核心地位，但随着计算机速度的大幅度提高，这些技术正在被数字图形处理方法迅速替代。数字图形处理技术以其更强的普适性、可靠性和准确性，以及更易实现的特性，正在逐渐成为主流（图3-12）。

（a）二维图形　　（b）三维图形

图3-11　图形元素

图3-11（a）：二维图形创作便捷，能在短期内绘制出完善的UI视觉形象，可以增加投影来提升二维图形的视觉效果。

图3-11（b）：三维图形具有强烈的立体感，色彩过渡与阴影变化丰富，视觉效果突出。

图3-12：界面图形设计形式多样，以扁平化设计为主，高度概括人物、空间、家具的轮廓，再进行色彩填充。图形之间的色彩对比较强，能将不同人物形象独立出来。整个大画面由多个小画面组成，兼顾界面中不同功能区，方便用户点击进入。

图3-12　界面图形

3.2.2 文字

将视觉效果直观化的UI元素设计师，可能会选择以文字作为界面主体。在人与人的日常交流中，文字充当着语言信息媒介的作用。当文字出现在用户界面中，它便成为一种通俗且具有识别性的符号。设计师们通常会通过艺术化的处理方式，让文字在表达语言所包含的概念的同时，也能以视觉图形的形式传递信息，从而增加用户阅读文字时的趣味性（图3-13）。

用户对于形态怪异、粗细或比例异常的字体会有天然的排斥感，这是因为阅读这些字体需要花费更多的时间，从而影响阅读的流畅性，降低交互效率。因此，合理的文字排列和分布对于版式布局有着重要的影响，尽量在不经意间让用户接收到文字信息，而无需刻意去阅读（图3-14）。

图3-13：在UI设计界面中常选用不同的字体风格和样式，通过变形组合来增强图形的视觉效果。由于文字具有直观的传达能力，因此在用户界面中被作为输出信息的主要元素。如果界面一味强调信息传输，就会失去用户与界面之间互动的意义。因此，合理地运用视觉因素，将文字进行大小、疏密变化，而后排列进缝纫机图形中，能够使文字在传递信息的同时，呈现出更多的视觉引导意义。

图3-13 文本元素

图3-14：在文字的安排上，可以在理性的范围内进行创意发挥，通过选择不同字体来增强界面效果，同时也要保证文字信息的传达。多语言界面引导，应当选用具有代表性的字体，横竖笔画应当均衡一致。

图3-14 文本界面

3.3 声音和画面

3.3.1 声音

相较于图片、文字等视觉元素，音乐和视频能够引发用户更大的情感波动。因此，为界面添加合适的音频效果，对于提升用户的交互体验具有重要意义。它不仅能以更加富有表现力的方式传递信息，还能使用户更容易感知到界面想要传达的信息（图3-15）。

为了进一步优化用户体验，音频设备的交互界面还应具备一定的自适应能力。例如，能够根据用户的使用场景自动调整音频的播放模式、音量大小等。此外，音频设备还应具备一定的学习功能，能够记录用户的喜好，从而实现个性化的音频推荐，提升用户的满意度（图3-16）。

（a）声波高低元素　　（b）调音元素

图3-15　音频元素

图3-15（a）：声波高低线条是表现声音强度的主要元素，通过4组色彩分别表现高、中、低与环绕声的强度，彼此间既有联系，又有区分。

图3-15（b）：调音元素模拟功放机设备的操作面板将按钮、旋钮的体积感均表现出来，形成高度立体化效果。

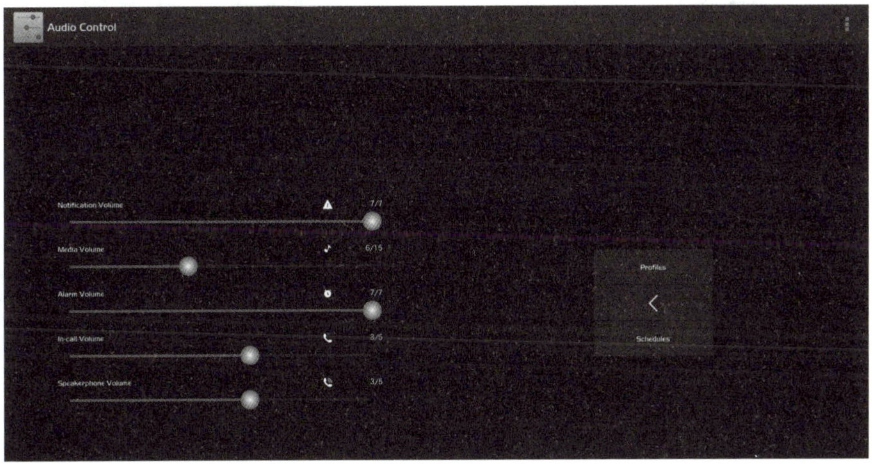

图3-16　音频调整界面

图3-16：音频调整界面尽量简洁，除了调整项目有具体名称外，还应当设计简洁图标来强化记忆。单纯的黑色底为背景，能衬托出丰富的灰色图标与色块。

3.3.2 画面

画面元素指合理安排色彩等元素，是一种通过视觉向受众传播某种信息的感性语言，画面中的元素带有自身意义。下面以游戏画面为例进行展示。

（1）《愤怒的小鸟》

《愤怒的小鸟》是Rovio Entertainment公司开发的一款休闲益智类游戏，于2009年12月首发于iOS平台，而后在其他平台发行，游戏的交互方式非常简单，用户用手指触摸画面中的小鸟元素，以使抛物线弹出，达到射击目的。

这款游戏的画面迎合当时设计的潮流趋势，高饱和的色彩维度能够刺激人们的视觉感官，便于人们更快地识别场景中各项元素。游戏画面中的空间层次也非常丰富，各形态物体自身的特性饱满，通过交错、叠加传递更多的界面空间关系（图3-17、图3-18）。

（a）开始界面　　（b）操作界面

图3-17 《愤怒的小鸟》画面

图3-17（a）：小鸟是游戏画面中的主要形象，在造型上能看出其对应的不同特性，从小鸟与猪的面部塑造上可以看出两者的敌对关系。

图3-17（b）：操作界面以森林图形元素为背景，色彩明度、纯度均有降低，突出小鸟与猪的视觉形象特征，在角色细节样式上具有一定区别和变化，方便用户在交互操作时能快速区分。

图3-18（a）：小鸟正面标准角色在创作上均采用勾线填色的方式，黑色轮廓内不仅包含多种色彩，色彩区别度还较大，搭配黑色与白色形成鲜明的视觉对比。

图3-18（b）：在小鸟标准视觉形象的基础上，变化了表情，并填充了低纯度背景色彩，让多个UI元素画面形成组合，变换出丰富的剧情效果。

（a）小鸟正面标准角色　　（b）表情动态角色

图3-18 《愤怒的小鸟》画面元素

（2）《植物大战僵尸》

《植物大战僵尸》是由宝开游戏开发的一款益智策略类单机游戏。玩家通过武装多种植物切换不同的功能，快速有效地把僵尸阻挡在入侵的道路上。其交互操作充满趣味性，针对不同的敌人有不同的游戏模式，用户的交互体验充满乐趣。

图标的形体大都来自生活，造型较为写实，同时在色彩搭配上具有能映衬其本身情感色彩的特点，界面中的UI元素简约而又不乏画面表述的准确性。在细节的处理上，更注重空间的延伸感，边角也都做了个性化处理，让游戏画面更加有趣（图3-19、图3-20）。

图3-19 《植物大战僵尸》画面

图3-19：整体画面采用二维形式设计制作，但是增加了部分阴影，使画面具有一定立体感。色彩纯度较高，具体形象外部有黑色轮廓，具有明显的装饰效果。

（a）僵尸角色　（b）高坚果角色　（c）仙人掌角色

图3-20 《植物大战僵尸》画面元素

图3-20（a）：僵尸以人物形象为主，通过变化服装来表现不同细分角色。

图3-20（b）：高坚果色彩较混沌，有明显的渐变过渡痕迹，占据画面面积较大，配合面部表情突出其倔强性格。

图3-20（c）：仙人掌具有远程攻击力，神态与动作均显得高傲。

（3）《我的世界》

《我的世界》是一款创造生存类游戏，用户可以在一个三维世界里用各种方块建造建筑物。作为一款高级沙盒游戏，所呈现的世界并不是华丽的画面与特效，而是用像乐高一样的积木来组合与拼凑，从而制作出房屋、城堡甚至城市（图3-21）。

（a）街道

（b）海边

图3-21 《我的世界》画面

图3-21（a）：这款游戏的组成元素全部是马赛克样式。乐高式建筑造型是游戏特色之一，虽然样式简单，但轮廓精确，用色上营造的视觉空间感为画面效果起到积极作用。配合应景的音效，达成良好的体验效果。

图3-21（b）：搭配岛屿与海面，组成新的视觉元素，形成一个浓缩的小世界，其中元素对应生活中的物品，一应俱全，样式风格清晰，富有视觉空间感。

图3-22（a）：人物以简单模型贴图的形式表现，降低计算机对显卡性能的要求，游戏画面虽然有所下降，但主题突出，因此人物造型效果并不显得突兀。

图3-22（b）：与人物造型相匹配的马也是如此，但是对马的塑造更细致一些，在马蹄处增加了外凸构造，并进行了分色处理，让层次更丰富。

（a）人物

（b）动物：马

图3-22 《我的世界》画面元素

UI界面中的音频与画面元素合理搭配，为用户传递信息，这也被称为视听语言。视听语言包括狭义的视听语言和广义的视听语言。狭义的视听语言是指界面与声音之间的组合；广义的视听语言则包含了交互过程中每一个组成元素（图3-23）。

（a）虚拟视听交互设备　　（b）触感VR眼镜

图3-23　视听交互

图3-23（a）：虚拟视听交互设备通过计算机生成仿真环境，并借助特殊的显示设备、交互设备等，实时追踪用户的头部、手部动作，并根据用户的动作和环境数据，实时渲染出相应的虚拟场景。

图3-23（b）：触感VR眼镜能够通过高清晰度显示、立体声效以及精确的头部追踪技术，为用户营造身临其境的沉浸式体验感。实现与虚拟场景同步互动，使用户能够在虚拟世界中自由行走、观察、操作。设备采用轻量化设计，方便用户随身携带，随时随地享受虚拟视听交互的乐趣。

3.4　交互实用原则

随着科技的不断进步和发展，人类社会已经进入高度信息化时代。各种电子设备和应用层出不穷，使得人们的生活和工作变得更加便捷高效。UI元素以更为广阔的形式出现在多维界面中。如今，人性化原则成为设计主流，交互在各行各业中的实用性越来越强。

3.4.1　全息投影交互

（1）点餐智能化

智能互动点餐、自动结账并非仅存在于电影中。在科技的引领下，未来智能餐厅已成为现实，实现了用餐体验的随意切换。餐厅内顾客络绎不绝，却不见忙碌的服务员身影。这是因为餐厅采用的大尺寸智能触屏餐桌已取代了服务员的角色，顾客只需在餐桌上方轻松滑动菜单，便可实现自助点菜下单（图3-24）。

（2）全息投影舞台特效

3D全息投影技术，是一种通过干涉和衍射原理，将物体真实的三维图像进行记录并再现的技术。3D全息立体投影设备的运作并非依赖数码技术，而是通过投影设备将多角度的影像投射到进口的MP全息投影膜上。这样，观众便可以看到自身角度以外的其他图像，从而实现真正的3D全息立体影像效果［图3-25（a）］。

另外，360°幻影成像技术则是将三维画面悬浮在实景的半空中成像，营造出亦幻亦真的氛围，效果奇特，具有强烈的纵深感，真假难辨。空中幻象的形成可以结合实物，实现影像与实物的结合。同时，也可以配合触摸屏实现与观众的互动。根据需要，还可以做成四面窗口，每个窗口的最大尺寸可以达到2～4m，甚至可以做成全息幻影舞台等［图3-25（b）］。

3D全息投影技术以其独特的视觉效果，为人类带来了全新的视觉体验。不仅如此，它还能够让人们感受到更为真实、生动的虚拟世界。如今，这项技术已经在各个领域大放异彩，从娱乐、广告到教育、科研，甚至军事领域，都有着广泛的应用（图3-26）。

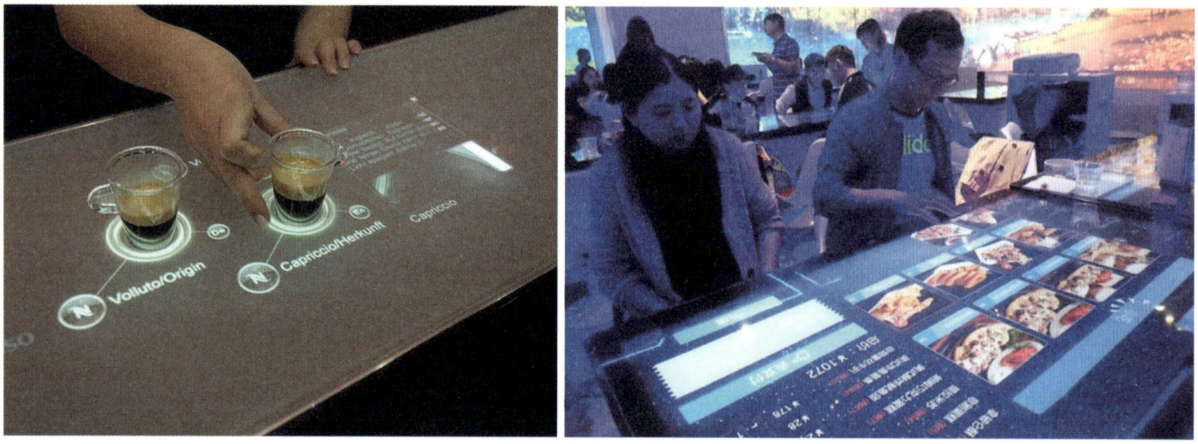

（a）咖啡厅点餐系统UI　　（b）餐厅点餐系统UI

图3-24　点餐智能化

图3-24（a）：大屏设备在餐饮领域已经得到了广泛应用，桌面即是显示器，圆形UI图形与咖啡杯造型一致，形成完美的互动效果。

图3-24（b）：餐厅将纸媒菜单转换到显示器上，对传统图片与版式设计进行优化改良，让UI具有互动性和亲和力。展示重点在于自助点餐、自动代扣等功能，而非硬件设备。在传统菜单界面基础上，进一步优化触碰操作，让顾客享受到更为便捷的用餐体验。

（a）3D全息立体影像

（b）3D全息立体影像S设备

图3-25　3D全息立体影像

图3-25（a）：在演唱会上，虚拟的邓丽君身着一袭白色旗袍亮相，脸型相似度达98%，惟妙惟肖的动作、神态与歌声，让台下的观众一时难辨真假。这一场跨时空的对唱，采用的便是3D全息投影技术。

图3-25（b）：利用衍射原理再现物体光波信息进行成像：全息图犹如一个复杂的光栅，在相关激光照射下，一张线性记录的正弦型全息图的衍射光波可给出两个像，即原始像（初始像）和共轭像。再现的图像立体感强，具有真实的视觉效应。

（a）人物影像投影

（b）图形影像投影

图3-26 《星球大战》投影技术

图3-26（a）：3D全息投影技术为观众带来了前所未有的沉浸式观影体验。对人物影像进行拍摄，再转换为单色影片，通过视频软件合成到原影片中。

图3-26（b）：图形影像制作较简单些，只要在三维软件中渲染出动态三维画面，即可合成到原有影片中，但是这种场景需要配合场景灯光来渲染氛围。

3.4.2　交互新趋势

设计是围绕人类解决问题的过程而进行探讨的。对于未来交互趋势的预测，主要有以下几个关键领域。

（1）全感官体验

人类拥有五种感官，其中最有效的记忆体验方式就是五感相结合。目前，人们已习惯于通过视觉和听觉来接收信息，但用户对于更真实、更丰富的感知信息的诉求日益明显。全感官沉浸体验能够更好地创造出“仿佛置身其中”的沉浸式体验感。在未来，可以预见更多虚拟与实体相结合的全感官沉浸体验方式，用户在交互过程中能够接收到更丰富、更真实的场景反馈信息（包括听觉、嗅觉、触觉等），从而加深对信息的理解和体验记忆（图3-27）。

（2）不局限于屏幕

人与设备的交互核心在于信息的传递与接收，而信息的表现形式并非仅限于屏幕。人们在实现目标的过程中，交互媒介已经从屏幕拓展到更多的领域，出现了众多“非屏幕产品”或“无屏幕设备”。借助投影、语音识别、增强现实（AR）和虚拟现实（VR）等先进技术，能够实现与设备的深度互动（图3-28）。

（a）操作界面UI

（b）启动画面设计

图3-27 《星舰指挥官》界面

图3-27（a）:《星舰指挥官》的UI界面设计前卫，将复杂的图形极度简化，搭配银灰色，表现出强烈的未来感。数据字体为等线体，笔画较长，识别率高，方便用户在紧张、快捷的游戏状态下正确识读。

图3-27（b）: 这款游戏一改沿用十几年的鼠标、键盘游戏方式，直接以语音驱动进行游戏，同时搭配VR眼镜，真实模拟了指挥官的科幻工作场景，用户可以使用更随意、更生活的语句，来实现更多控制动作。

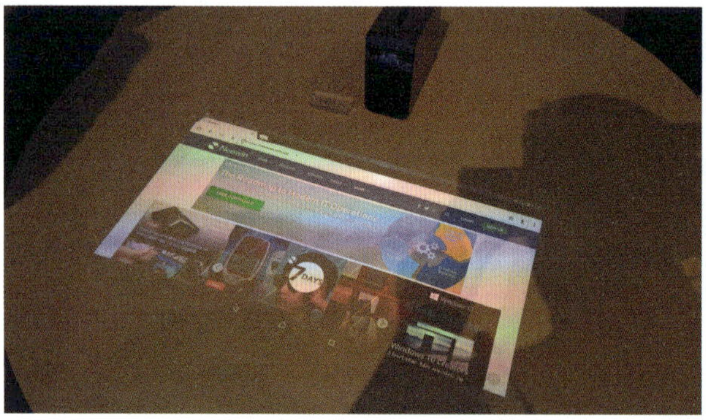

（a）桌面投影

（b）投影主机

图3-28 索尼便携式投影设备

图3-28（a）: 索尼便携式投影仪，能够将任何平面变为可投影的“屏幕”。借助感应探头，用户可以在平面上自如地翻动网页，畅玩“王者荣耀”也可以尽情地“切水果”，所有操作都简单、顺畅。此外，还可以通过语音交互来寻找并播放歌曲、查看新闻、拨打电话等，就像与朋友交流一样，只需要正常说话即可。

图3-28（b）: 投影主机外形小巧，比传统投影机或小型计算机主机都要小，适合随身携带，投射界面也不仅限于墙面、桌面，顶面或并不完全平整的界面都可以使用。

（3）拟人化、情感化

人机交互体验如今已经演变为一种人机共生的崭新状态。人们不再仅仅满足于感官上的交互需求，而是开始探索设备中所蕴含的情感元素。展望未来，无论是智能设备还是语音交互，都将被赋予更多的“灵性”，带有“情感温度”的设备正在不断涌现。在硬件产品设计过程中，越来越多的制造商不再仅仅关注满足用户的基本功能需求，而是更多地考虑产品的拟人化和情感化（图3-29）。

（a）外观

图3-29（a）：新一代索尼AIBO机器狗有着更加逼真的外形，它会像真正的小狗一样摇尾巴，弯腿做一系列动作，宛如一只真正惹人怜爱的小狗。

图3-29（b）：AIBO还采用新的AI技术，可以学习周围的环境，具有更强的适应性，和主人有更多情感化的互动。

（b）互动

图3-29 智能机器狗

（4）更自然的语音交互

在科技进步的推动下，如今大多数用户对在线客服等语音交互方式已经不再陌生。借助这种充满幽默感和人性化思维的设备，人们获取信息、享受服务的效率得到了显著提升。例如，现在的语音交互设备不再需要用户反复唤醒，而是更加智能地进行多轮对话，使得设备能够更加顺畅地融入用户的真实生活场景（图3-30）。

（5）人工智能个性化

个性化推荐技术经过数年的发展，随着大数据和云计算技术的不断成熟，人工智能的应用也越来越智能化、精准化，能够更好地满足个性化需求。未来的趋势将是更加个性化的推荐方式，基于认知、联想、预测等方式，更加贴近用户的真实需求。

在个性化推荐的基础上，人工智能将深入理解用户画像和痛点，扫除用户的顾虑，建立用户信任，形成能够感知用户心理的交互过程。这将有效提高用户的决策效率，制造出令人惊喜的体验，提升产品的用户黏性，更有利于实现商业目标（图3-31）。

（6）更高效、更低成本

在科技飞速发展的今天，我们正处在一个由生物识别、语言识别、网络提速、硬件升级等技术构建的智能交互新时代。机器对人类的意图、事物的理解、复杂问题的认知越来越深入，更高效、更低成本的交互方式将使学习成本降低，操作和反馈的效率更高，一定程度上缩短了体验路径、解放了双手、双眼（图3-32）。

（a）产品　　（b）发布演示

图3-30　天猫精灵

图3-30（a）：天猫精灵产品为普通蓝牙音箱造型，通过手机连接，为音箱提供智能交互功能，方便日常生活、工作。

图3-30（b）：在发布演示会上，手机百度语音版采用免唤醒词语音交互，能够不间断聆听用户的语音输入信号并进行识别，只需打开语音播报内容模式，直接发出指令如“下一条”“大声一点”便可操控，无需每次都唤醒，使人与机器更自然高效地进行交流。

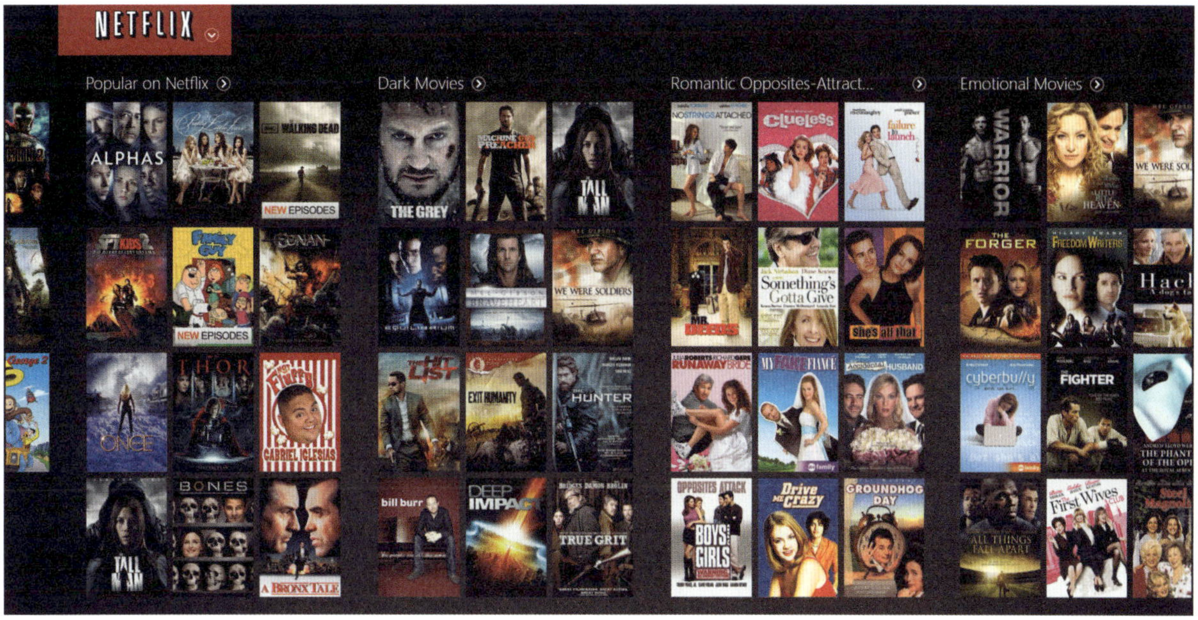

图3-31 Netflix个性化界面

图3-31：Netflix能根据个人喜好对同一电影海报做不同风格展示，满足不同用户的审美需求，最终锁定对相关影片真正感兴趣的用户，促使其定位点击并付费观看。

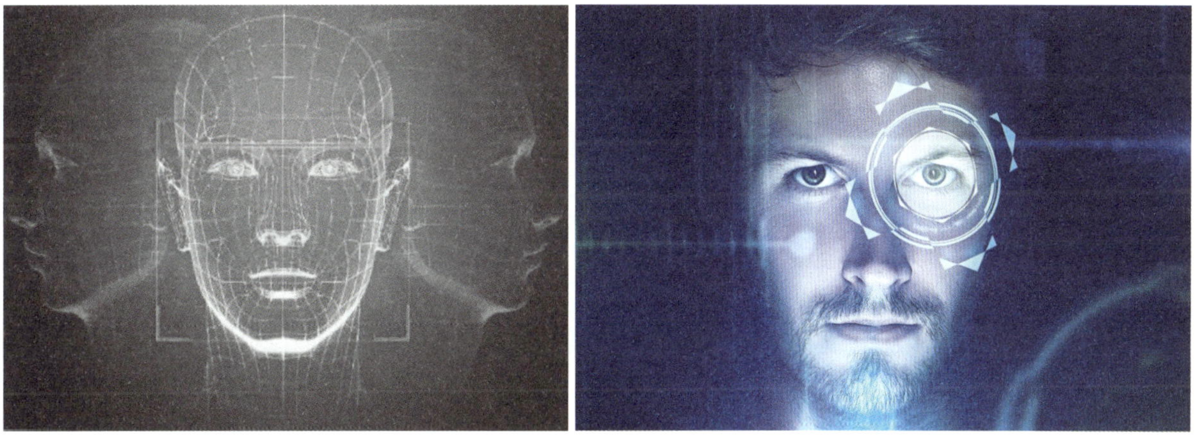

（a）脸型识别　　（b）虹膜识别

图3-32 人脸识别

图3-32（a）：人脸图像被摄像头采集后，需要进行预处理，包括去噪、归一化等操作。通过人脸检测算法定位人脸区域，并提取出人脸的局部特征，如眼睛、鼻子等，对这些局部特征进行几何特征分析，如距离、角度等。最后将这些特征与已有的数据进行比对，实现对人脸的识别。

图3-32（b）：虹膜识别技术通过特定的光学设备捕捉人眼虹膜图像，然后对图像进行预处理、特征提取和匹配等步骤，最终实现对个体身份的确认。

本章小结

本章讲解UI设计中色彩、图形、文字、音频、视频等技术元素的设计方法，并介绍了交互实用原则。色彩选择会影响到用户的情绪和感知，主色调是整个界面的基调，应该与品牌的形象和定位相一致。图形可以用于传达信息、美化界面和提高用户体验。选择与品牌形象及用户需求相匹配的字体。文本的对比度应该适中，以便用户能够轻松阅读文本。根据传达的信息和品牌形象选择适当的音频与视频类型，根据用户的需求和界面的用途设置不同的时长和音质。

课后练习

1）UI构成元素有哪些?

2）色彩的冷暖在UI设计中有哪些应用?

3）声音对界面交互有哪些积极作用?

4）你认为图像和文字哪种传输形式更有效，谈谈你的观点。

5）查阅相关资料，简单阐述未来交互设计的UI形式会有怎样的发展。

6）查阅相关资料，简单阐述传统民俗博物馆中多媒体终端交互设计的UI形式会有怎样的发展。

4
硬件界面设计

学习难度：★★★★☆
重点概念：硬件界面、交互形式、设计理念

章节导读

UI元素和交互设计的核心目的是让用户在使用产品时感到舒适和愉悦，从而提升用户体验。色彩搭配和风格设计在这个过程中起到了至关重要的作用。一个色彩搭配得当、风格独特的硬件界面，可以让用户在第一时间产生好感，并激发他们对产品的兴趣。而在追求高效的时代背景下，用户对于硬件界面的要求也越来越高。用户希望在短时间内能够迅速掌握软件的使用方法，充分发挥产品的功能优势。因此，硬件界面的交互设计变得更加重要，需要直观、简洁、易于操作，让用户能够迅速上手（图4-1）。

图4-1 计算机主机

图4-1：现代计算机主机形态小巧，外观造型简洁，内部构造在传统主机基础上进行了优化，硬件功能更加全面。

4.1 硬件交互

4.1.1 传输原理

在探索界面设计这一领域时，首先需要理解计算机硬件如何协同工作。计算机的软件通过指令与硬件进行交流，这其中离不开一些关键硬件设备，如CPU（中央处理器）、RAM（内存）、Hard Disk（硬盘）和BIOS（基本输入输出系统）等。设计师借助操作系统、编译器以及应用软件等工具，编写指令并与硬件进行互动（图4-2）。

在界面设计中，软件与硬件之间的信息传输是双向的。软件通过硬件执行，然后将结果以软件形式存储在硬件中，这两者相互依赖、相辅相成。信息载体是信息传播过程中的媒介，是信息得以附着的物质基础，即用于记录、传输、积累和保存信息的实体（图4-3）。

图4-2　计算机主机

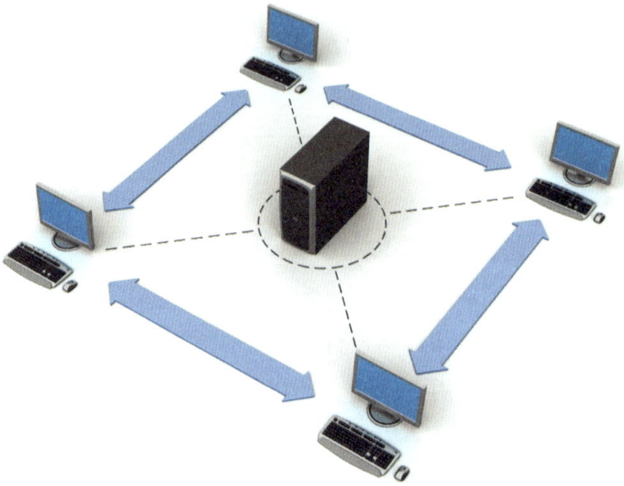

图4-3　传输媒介

图4-2：常规计算机主机机箱内空间充裕，便于散热，主板、CPU、内存、显卡等部件置入后井然有序，还留有余地。

图4-3：一台主机可以连接多台显示器，同步运算使用，多个终端也能自由互访，形成数据共享，形成低成本、高效率运作。

4.1.2　交互发展

相较于市场上普通的智能电视，具备智能硬件的电视应该能够更好地理解用户的行为习惯，从而提供更加精准的内容推荐。如果用户在每周的某个特定时间段有观看某个电视节目的习惯，那么当用户在那个时间段打开电视时，电视应该自动显示出用户想看的频道。再比如，当用户想看电影但尚未确定具体影片时，智能电视应能够迅速为用户推荐合适的电影，同时自动过滤掉已经观看过的影片（图4-4）。

真正的智能硬件应当致力于让控制设置更为简单，而非增加复杂性。观察近年来的科技产品发展，可以推断出：智能硬件的未来发展趋势将是控制设置的简化。节省时间、精力，降低操作复杂性是智能设备的基本原则。智能硬件的本质就是简化各种操作，以帮助消费者实现高效便捷的操作体验。真正的智能硬件应当易于学习，用户无需查阅说明书，只需观察UI按钮就能轻松掌握操作方法（图4-5）。

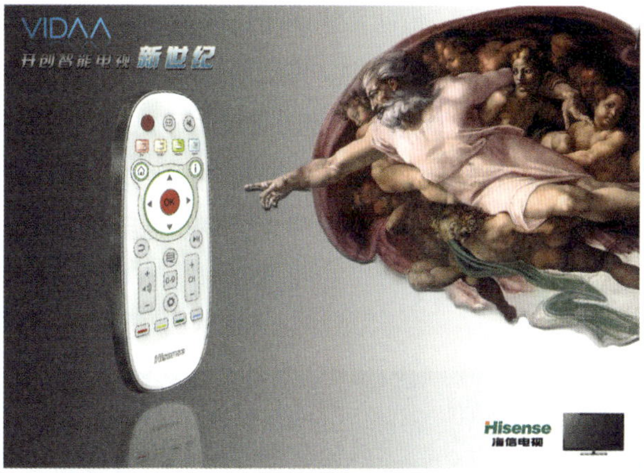

（a）智能遥控器

（b）智能电视

图4-4 智能设备

图4-4（a）：智能遥控器上功能键图标既简洁又完善，如今已成为成熟的功能按键设计，能代替传统的鼠标、键盘对显示屏进行操控。

图4-4（b）：智能电视将CPU与存储器整合起来，变成一台简化版的计算机，通过遥控器操控，搭配3D眼镜获得三维空间特效。

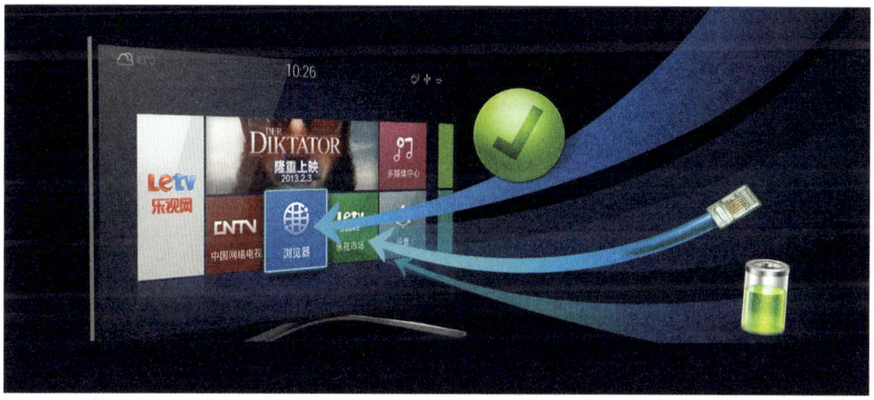

图4-5 智能交互

图4-5：智能硬件要依靠数据来驱动，智能硬件的智能行为之所以能够发生，是因为大量数据在发挥作用，而且这些数据是海量的，且类型不一，需要多种硬件来收集并实现共享。智能电视的主要智能硬件为内置CPU、内存、硬盘、无线网卡、内置电池等，能保持电视在断网断电环境下有继续储存的功能。

4.2 交互方式

4.2.1 遥控识别

遥控器的出现使得人们能够远距离操控机械设备。现代遥控器的构造主要由集成电路电板和各种功能按钮组成，它们协同工作，将使用者的指令准确无误地传达给被操控的设备。虽然现代遥控器的输出方式已经发生了改变，从原来的按键操作变成了手机屏幕上的点击操作，但其工作原理却一脉相承。无论形式如何变化，遥控器都在生活中扮演着重要的角色，让生活变得更加便捷、舒适（图4-6、图4-7）。

4.2.2 坐标定位

坐标定位是通过特定设备感知位移方向并向计算机传输数据，借助系统展示的纵横坐标定位指示器，从而实现交互操作。滚动球最广泛且最常见的应用就是鼠标，这一便捷工具诞生于20世纪60年代中期。随着科技的飞速发展和不断进步，鼠标从简陋走向精密，其演变过程也反映出交互设计的缩影（图4-8）。

图4-6 传统遥控

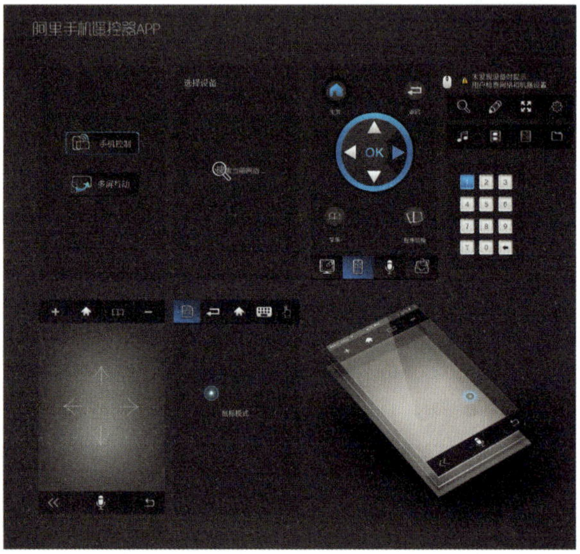

图4-7 界面遥控

图4-6：传统遥控器操作界面不断简化，缩小操作面积与体积，但是在功能的便捷性上却打了折扣。

图4-7：将实体按钮转换成屏幕界面后，虽然没有触摸回弹感，但是界面的操控功能大幅度扩充，能在多个界面中更换拓展操控功能，实现功能的最大化。

图4-8（a）：最早的鼠标原型是一个木盒，下面配有两个轮子，可以在水平和垂直方向操作移动。

图4-8（b）：德国的一家公司设计出了带有球形结构的鼠标，不同于之前的“木盒”，轮子和坐标轴线被更加灵活的球形结构代替，正是从那时开始，现代鼠标逐渐形成。这是一项里程碑式的发明，这项授权最终被提供给了苹果公司。

（a）鼠标雏形

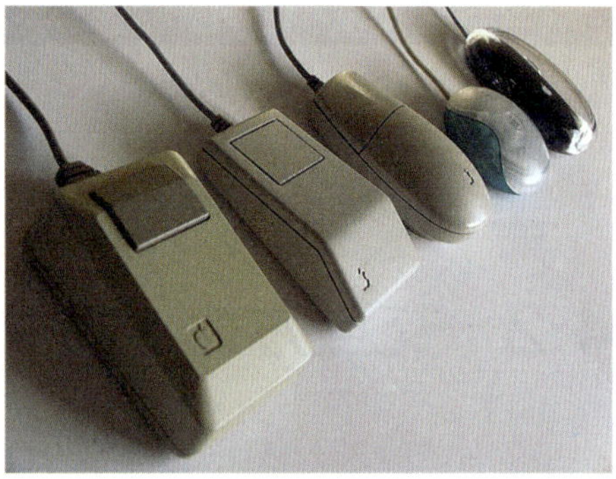

（b）苹果鼠标演变

图4-8 早期鼠标形象

4.2.3　其他运用

当一个驱动设备连接到USB端口时，电脑界面通常会弹出一个图标，用以提示用户设备安装的状态（图4-9）。无论是进行文件删除、复制还是粘贴，电脑都会相应地弹出硬件交互图标（图4-10）。

图4-9　硬件图标

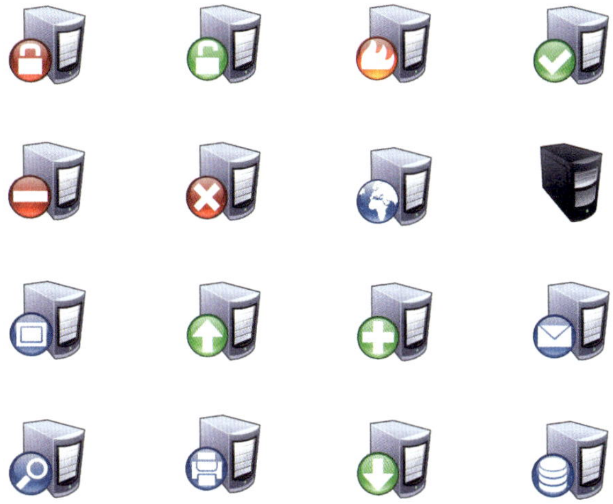

图4-10　状态图标

图4-9：计算机硬件图标是指计算机硬件设备发生变更时形成、出现、变换、消失的图标，这些图标是计算机硬件设备状态的反映。

图4-10：状态图标反映了计算机当前的状态，包括工作状态、运行状态等，是UI设计的重要内容。

4.3　UI硬件界面设计案例

UI硬件界面设计的目的是充分表现硬件设备状态，将计算机、手机、媒体终端中的硬件工作状态与回馈反映在显示器上，让操作者能全面了解硬件，及时作出指令与操控。下面通过案例详细讲解UI硬件界面设计的方法与步骤。

4.3.1　时钟

（1）新建画布

使用“矩形工具”框选出一个带圆角的矩形，填充色设置为R11、G94、B52，赋予智能滤镜，选择

“动感模糊”和“高斯模糊”。接着继续创建一个较小的矩形，填充色设置为R5、G76、B41，同样赋予智能滤镜，选择“动感模糊”和“高斯模糊”并设置合适的数值，制作出投影效果（图4-11）。

（2）新建图层

创建一个正方形，在图层样式“斜面和浮雕样式”中选择“内斜面”，方法选择“平滑”，深度为100%，方向选择“上”。设置大小为25个像素，软化为0个像素，阴影角度为90°。勾选使用“全局光”，高度为30°，高光模式选择“滤色”，颜色为白色，不透明度为50%，阴影模式为“正常”，颜色选择浅蓝色，不透明度为50%。

继续在图层样式“内阴影混合模式”中选择为“正常”，颜色选择白色，不透明度为46%，角度为90°，勾选使用“全局光”，距离为3个像素，阻塞为0%，大小为0个像素。

继续在图层样式“渐变叠加混合模式”中选择为“正常”，不透明度为100%。在渐变参数中的开端位置0%处颜色选择浅蓝色，不透明度为100%；位置100%处颜色选择白色，不透明度为100%。勾选“与图层对齐”，样式为“线性”，角度为90°，缩放为100%（图4-12）。

（3）创建外正圆形

新建图层，创建一个正圆形状，在图层样式“斜面和浮雕样式”中选择“外斜面”，方法选择“平滑”，深度为240%，方向选择“上”。设置大小为45个像素，软化为0个像素，阴影角度为90°。勾选使用“全局光”，高度为30°，高光模式选择“正常”，颜色为白色，不透明度为82%，阴影模式为“正常”，颜色选择浅蓝色，不透明度为68%。

继续在图层样式“渐变叠加混合模式”中选择为“正常”，不透明度为100%。在渐变参数中的开端位置0%处颜色选择白色，不透明度为100%；位置100%处颜色选择浅蓝色，不透明度为100%。勾选“与图层对齐”，样式为“线性”，角度为90°，缩放为100%（图4-13）。

图4-11　新建画布

图4-12　新建图层

图4-11：新建画布后，创建一个带圆角的矩形并设置成模糊效果，为时钟造型创建投影。

图4-12：在投影表面创建带圆角的正方形，并制作成叠加缩小图形，形成一定立体感。

（4）创建内正圆形

新建图层，创建一个正圆形状，在图层样式“渐变叠加混合模式”中选择“正常”，不透明度为100%。在渐变参数中的开端位置0%处颜色设置为R119、G224、B210，不透明度为100%；末端位置100%处颜色设置为R54、G180、B169，不透明度为100%。勾选“与图层对齐”，样式为“线性”，角度为90°，缩放为100%（图4-14）。

（5）绘制三角形刻度标识

新建图层，用“钢笔工具”绘制三角形作为刻度标识（图4-15）。

（6）绘制指针

新建图层，绘制指针造型在图层样式“渐变叠加混合模式”中选择“正常”，不透明度为100%。在渐变参数中的开端位置0%处颜色设置为R0、G62、B55，不透明度为100%；末端位置100%处颜色设置为R1、G92、B81，不透明度为100%。勾选“与图层对齐”，样式为“线性”，角度为90°，缩放为100%。

继续新建图层，在图层样式“外发光混合模式”中选择为“正常”，不透明度为22%，杂色为0%。在渐变参数中的开端位置0%处颜色设置为R7、G122、B95，不透明度为100%；末端位置100%处颜色设置为白色，不透明度为0%。图层样式为“柔和”，扩展为0%，大小为10个像素。

图4-13　创建外正圆形

图4-14　创建内正圆形

图4-15　绘制三角形刻度标识

图4-13：在圆角方形表面继续创建正圆形，加入浮雕特效，形成立体感。

图4-14：在圆形内部创建圆形，设置为缓和的渐变填充效果。

图4-15：在12、3、6、9点方向绘制三角形，表示刻度方位。

继续新建图层，绘制中心外正圆在图层样式“投影混合模式”中选择为“正常”，颜色设置为R3、G131、B101，不透明度为74%，角度为90°，勾选“使用全局光”，距离为15个像素，扩展为0个像素，大小为10个像素（图4-16）。

（7）绘制中心外正圆

新建图层，在图层样式“渐变叠加混合模式”中选择“正常”，不透明度为100%。在渐变参数中的开端位置0%处颜色设置为R138、G237、B221，不透明度为100%；末端位置100%处颜色设置为白色，不透明度为100%。勾选“与图层对齐”，样式为“线性”，角度为90°，缩放为100%。

继续在图层样式“外发光混合模式”中选择“正常”，不透明度为22%，杂色为0%。在渐变参数中的开端位置0%处颜色设置为R7、G122、B95，不透明度为100%；末端位置100%处颜色设置为白色，不透明度为0%。样式为“柔和”，扩展为0个像素，大小为10个像素。

继续在图层样式“投影混合模式”中选择“正常”，颜色设置为R3、G131、B101，不透明度为74%，角度为90°，勾选“使用全局光”，距离为15个像素，扩展为0个像素，大小为10个像素（图4-17）。

（8）绘制中心内正圆

新建图层，绘制中心内正圆在图层样式“渐变叠加混合模式”中选择“正常”，不透明度为100%，在渐变参数中的开端位置0%处颜色设置为R217、G249、B238，不透明度为100%；末端位置100%处颜色设置为R171、G224、B215，不透明度为100%。将“与图层对齐”勾选，样式设

图4-16　绘制指针

图4-17　绘制中心外正圆

图4-16：制作三个指针来表现完整的时钟造型，每个指针都设置为独立图层。

图4-17：在指针集中处覆盖小圆形并补充阴影。

置为“线性”，角度为90°，缩放为100%（图4-18）。

（9）绘制投影效果

新建图层，绘制一个正圆形状，图层样式在“内阴影混合模式”中选择“正常”，颜色参数为R22、G104、B98，不透明度为52%，角度为45°，勾选“使用全局光”，距离为25个像素，阻塞为0%，大小为30个像素。

继续新建图层，再绘制一个正圆形状在图层样式“投影混合模式”中选择“正常”，颜色选择白色，不透明度为74%，角度为90°，勾选“使用全局光”，距离为3个像素，扩展为0个像素，大小为0个像素（图4-19）。

图4-18　绘制中心内正圆

图4-19　绘制投影效果

图4-18：在小圆形内部继续绘制更小圆形，并进行过渡渐变填充，形成强烈的立体感。

图4-19：在时钟盘内侧增加投影，表现时钟内侧的立体空间感，进一步提升时钟的厚重感与真实感。

4.3.2　按键

（1）绘制圆角矩形

新建图层，图层的描边大小为1个像素，位置选择“外部”，混合模式为“正常”，不透明度为60%，颜色设置为R117、G117、B117。在图层样式“渐变叠加混合模式”中选择为“柔光”，不透明度为100%。在渐变参数中的开端位置25%处颜色设置为R0、G0、B0，不透明度为100%；位置56%处颜色设置为R22、G29、B39，不透明度为100%；位置80%处颜色设置为R231、G231、B231，不透明度为100%；位置97%处颜色设置为R0、G0、B0，不透明度为100%。勾选“与图层对齐”，样式为“对称”，角度为0°，缩放为100%。

继续在图层样式“图案叠加混合模式”中选择“滤色”，不透明度为100%，选择合适的图案，缩放为47%，勾选“与图层链接”。

继续在图层样式“投影混合模式”中选择“正片叠底”，颜色选择黑色，不透明度为75%，角度为90°，距离为2个像素，扩展为0个像素，大小为8个像素（图4-20）。

（2）绘制圆角矩形厚度

新建图层，绘制圆角矩形并调整大小。在图层样式“内阴影混合模式”中选择“柔光”，颜色为白色，不透明度为74%，角度为-90°，距离为1个像素，阻塞为0%，大小为0个像素。

继续在图层样式“内发光混合模式”中选择“滤色”，不透明度为67%，杂色为0%。在渐变参数中的开端位置0%处颜色选择白色，不透明度为100%；位置100%处颜色选择白色，不透明度为0%。图层样式为“边缘柔和”，阻塞为0%，大小为2个像素（图4-21）。

（3）绘制较小的圆角矩形

新建图层，在图层样式“内阴影混合模式”中选择“柔光”，颜色为黑色，不透明度为75%，角度为120°，距离为17个像素，阻塞为0%，大小为40个像素。

继续在图层样式“渐变叠加混合模式”中选择“柔光”，不透明度为68%。在渐变参数中的开端位置25%处颜色设置为R0、G0、B0，不透明度为100%；位置56%处颜色设置为R22、G29、B39，不透明度为100%；位置80%处颜色设置为R231、G231、B231，不透明度100%；位置97%处颜色设置为R0、G0、B0，不透明度为100%。勾选“与图层对齐”，样式为“对称”，角度为0°，缩放为100%。

图4-20　绘制圆角矩形

图4-21　绘制圆角矩形厚度

图4-20：绘制带圆角的矩形并进行过渡渐变填充确定按键的位置。

图4-21：在底部圆角矩形上继续绘制带圆角的矩形，并填充为均匀的灰色，表现出一定厚度感。

继续在图层样式"投影混合模式"中选择"柔光"，颜色为白色，不透明度为100%，角度为90°，距离为1个像素，扩展为0个像素，大小为0个像素（图4-22）。

（4）复制矩形

复制上步骤中的矩形，调整大小，并为其添加图层蒙版（图4-23）。

（5）继续绘制圆角矩形

新建图层，绘制圆角矩形在图层样式"内阴影混合模式"中选择为"柔光"，颜色为白色，不透明度为40%，角度为-90°，距离为1个像素，阻塞为0%，大小为0个像素。

继续在图层样式"渐变叠加混合模式"中选择为"柔光"，不透明度为68%。在渐变参数中的开端位置0%处颜色设置为R101、G101、B101，不透明度100%；位置47%处颜色设置为R164、G164、B164，不透明度为100%；位置75%处颜色设置为R236、G236、B236，不透明度为100%；末端位置100%处颜色设置为R168、G168、B168，不透明度为100%。勾选"与图层对齐"，样式为"对称"，角度为0°，缩放为100%。

继续在图层样式"投影混合模式"中选择为"正片叠底"，颜色选择黑色，不透明度为56%，角度为90°，距离为1个像素，扩展为0个像素，大小为0个像素（图4-24）。

（6）复制圆角矩形

将上步骤绘制的矩形复制，在图层样式"内阴影混合模式"中选择为"正片叠底"，颜色设置为R82、G94、B96，不透明度为7%，角度为119°，距离为8个像素，阻塞为0%，大小为18个像素。

继续在图层样式"投影混合模式"中选择为"柔光"，颜色选择白色，不透明度为69%，角度为90°，距离为1个像素，扩展为0个像素，大小为0个像素（图4-25）。

图4-22　绘制较小的圆角矩形

图4-22：在矩形内部绘制较小的带圆角矩形，填充较深的过渡渐变灰色。

图4-23　复制矩形

图4-23：继续复制矩形，并填充灰色，形成按钮内部构造厚度。

图4-24　继续绘制圆角矩形

图4-24：继续复制矩形并填充浅灰色过渡渐变，给按键侧面塑造丰富的过渡渐变效果。

图4-25　复制圆角矩形

图4-25：在灰色结构表面覆盖圆角矩形，形成按键上表面。

（7）绘制投影

用“钢笔工具”勾勒出选框，使用“蒙版”或“渐变工具”将效果调整为投影（图4-26）。

（8）输入按键名称符号

新建图层，输入按键名称符号。在图层样式“外发光混合模式”中选择为“滤色”，不透明度为100%，杂色为0%。在渐变参数中的开端位置0%处颜色选择白色，不透明度为100%；末端位置为100%处颜色选择白色，不透明度为0%（图4-27）。

图4-26　绘制投影

图4-27　输入按键名称符号

图4-26：在按键下方绘制渐变效果投影，进一步提升按键的体积感。

图4-27：输入按键名称，完成设计。

4.3.3　设置

（1）创建画布

新建图层后，绘制一个圆角矩形作为投影。在图层样式“光泽结构混合模式”中选择为“正片叠底”，颜色选择黑色，不透明度为50%，角度为19°，距离为11个像素，大小为14个像素（图4-28）。

（2）绘制体块

新建图层，绘制一个圆角矩形，在图层样式“斜面和浮雕模式”中选择为“内斜面”，方法选择为“平滑”，深度为776%，方向选择“上”，大小为18个像素，软化为16个像素，阴影角度为90°，

图4-28　创建画布

图4-28：在过渡渐变色画布上创建圆角矩形，设置为朦胧的投影特效，用于图形定位。

勾选“使用全局光”，高度为45°，高光模式选择“正常”，颜色选择白色，不透明度为39%，阴影模式为“正片叠底”，颜色选择灰色，不透明度为50%。

继续在图层样式“内阴影混合模式”中选择为“正片叠底”，颜色选择黑色，不透明度为71%，角度为-90°，距离为3个像素，阻塞为0%，大小为10个像素。

继续在图层样式“渐变叠加混合模式”中选择为“正常”，不透明度调整为100%。在渐变参数中的开端位置0%处颜色选择灰色，不透明度为100%；末端位置100%处颜色选择灰色，不透明度为100%。勾选“反向”和“与图层对齐”，样式为“线性”，角度为90°，缩放为150%。

继续在图层样式“投影混合模式”中选择为“正片叠底”，颜色选择黑色，不透明度为35%，角度为90°，距离为6个像素，扩展为0个像素，大小为13个像素（图4-29）。

（3）绘制突出造型

新建图层，绘制正圆形状，图层样式在“渐变叠加混合模式”中选择为“正常”，不透明度为100%。在渐变参数中的开端位置0%处的颜色设置为R255、G233、B190，不透明度为100%；位置13%处的颜色设置为R255、G255、B255，不透明度为100%；位置100%处颜色设置为R173、G151、B126，不透明度为100%，勾选“与图层对齐”，样式为“线性”，角度为90°，缩放为150%（图4-30）。

（4）绘制正圆

新建图层，绘制正圆形状，在图层样式“内发光混合模式”中选择为“正常”，不透明度为100%，杂色为0%。在渐变参数中的开端位置0%处颜

图4-29　绘制体块

图4-30　绘制突出造型

图4-29：绘制圆角矩形，通过图层特效来提升体积感，形成柔和的过渡渐变效果。

图4-30：在圆角矩形中央绘制圆形，形成柔和的过渡渐变特效。

色设置为R161、G75、B6，不透明度为100%；末端位置100%处颜色选择白色，不透明度为0%。图层样式为“边缘柔和”，阻塞为0%，大小为27个像素（图4-31）。

（5）绘制刻度标识

绘制刻度标识，图层样式在“投影混合模式”中选择为“正常”，颜色设置为R157、G82、B12，不透明度为100%，角度为-90°，距离为2个像素，扩展为0个像素，大小为0个像素（图4-32）。

（6）制作投影效果

新建图层，用“画笔工具”或“渐变工具”制作投影效果（图4-33）。

（7）绘制正圆

绘制一个正圆形状，在图层样式“渐变叠加混合模式”中选择为“正常”，不透明度为100%。在渐变参数中的开端位置49%处颜色设置为R251、G245、B222，不透明度为100%；位置95%处颜色设置为R194、G171、B148，不透明度为100%。勾选“与图层对齐”，样式为“线性”，角度为-90°，缩放为100%。

继续在“投影混合模式”中选择为“正片叠底”，颜色设置为R80、G40、B2，不透明度为35%，角度为90°，距离为6个像素，扩展为0个像素，大小为13个像素（图4-34）。

图4-31　绘制正圆

图4-31：在圆形中央继续绘制圆形并填充深色。

图4-32　绘制刻度标识

图4-32：在深色圆形中绘制刻度标识横线。

图4-33　制作投影效果

图4-33：在深色圆形中央下部绘制渐变投影效果。

图4-34　绘制正圆

图4-34：在深色圆形区域中央绘制较小的圆形并填充过渡渐变色。

（8）复制正圆

复制上一层形状，调整大小，在图层样式“内阴影混合模式”中选择为“正常”，颜色为R240、G232、B213，不透明度为35%，角度为-90°，勾选“使用全局光”，距离为2个像素，阻塞为0%，大小为0个像素。

继续在图层样式“渐变叠加混合模式”中选择为“正常”，不透明度为100%。在渐变参数中的开端位置49%处颜色设置为R251、G245、B222，不透明度为100%；位置95%处颜色设置为R194、G171、B148，不透明度为100%，勾选“与图层对齐”，样式为“线性”，角度为90°，缩放为100%（图4-35）。

（9）绘制投影

新建图层，绘制正圆形状作为投影，在图层样式“颜色叠加混合模式”中选择为“正常”，颜色设置为R97、G34、B2，不透明度为100%。使用画笔点出高光光晕（图4-36）。

（10）绘制齿轮形状

新建图层，使用钢笔工具绘制齿轮形状，在图层样式“内阴影混合模式”中选择为“正常”，颜色设置为R240、G232、B213，不透明度为69%，角度为90°，勾选“使用全局光”，距离为2个像素，阻塞为0%，大小为1个像素。

继续在“渐变叠加混合模式”中选择为“正常”，不透明度为100%。在渐变参数中的开端位置49%处颜色设置为R251、G245、B222，不透明度为100%；位置95%处颜色设置为R194、G171、B148，不透明度为100%。勾选“与图层对齐”，样式为“线性”，角度为90°，缩放为100%。

继续在“投影混合模式”中选择为“正片叠底”，颜色设置为R97、G46、B11，不透明度为60%，角度为90°，距离为3个像素，扩展为0个像素，大小为6个像素（图4-37）。

图4-35 复制正圆

图4-35：继续在内侧复制圆形，形成丰富的层次感和体积感。

图4-36 绘制投影

图4-36：在圆形下部绘制圆形投影，形成朦胧的过渡渐变效果。

图4-37 绘制齿轮形状

图4-37：继续绘制多角星形，形成齿轮造型，并设置为渐变叠加效果，形成一定立体感。

（11）调整颜色

调整曲线提亮画面。新建图层，复制上层形状，作为齿轮上层部分。图层样式在“内阴影混合模式”中选择为“正常”，颜色为白色，不透明度为40%，角度为90°，勾选“使用全局光”，距离为2个像素，阻塞为0%，大小为0个像素。

继续在“内发光混合模式”中选择为“正常”，不透明度为43%，杂色为0%。在渐变参数中的开端位置0%处颜色选择白色，不透明度为100%；位置100%处颜色选择白色，不透明度0%。图层样式为“边缘柔和”，阻塞为0%，大小为3个像素。

继续在“渐变叠加混合模式”中选择为“正常”，不透明度为100%，勾选“反向”和“与图层对齐”。在渐变参数中的开端位置49%处颜色设置为R251、G245、B222，不透明度为100%；位置95%处颜色设置为R194、G171、B148，不透明度为100%。勾选“与图层对齐”，样式为“线性”，角度为90°，缩放为100%（图4-38）。

图4-38　调整颜色

图4-38：复制齿轮星形，置于最上层，形成较强的体积感，最后整体调整亮度完成。

4.3.4　邮件

（1）创建画布

新建图层，创建一个投影形状，使用“渐变工具”绘制投影效果（图4-39）。

图4-39　创建画布

（2）创建矩形

创建一个矩形，填充色设置为R215、G235、B236，不透明度为100%（图4-40）。

图4-40　创建矩形

图4-39：创建画布，绘制三角形并拉伸成具有一定立体感和透视感的造型，设置图层特效为朦胧的模糊造型效果。

图4-40：绘制带圆角的矩形，并将其填充为蓝灰色。

（3）绘制信封折叠痕迹

新建图层，使用“钢笔工具”绘制邮件封面折叠痕迹，增加一个投影效果。在图层样式“渐变叠加混合模式”中选择为“正常”，不透明度为100%。在渐变参数中的开端位置0%颜色选择黑色，不透明度为100%；位置100%处颜色选择黑色，不透明度为0%。勾选“与图层对齐”，样式为“线性”，角度为-52°，缩放为100%（图4-41）。

（4）绘制封口造型

新建图层，为信封绘制封口描边效果，在图层样式“渐变叠加混合模式”中选择为“正常”，不透明度调整为100%。在渐变参数中的开端位置0%处颜色设置为R159、G37、B32，不透明度为100%；末端位置100%处颜色设置为R171、G57、B39，不透明度为100%，勾选“与图层对齐”，样式为“线性”，角度为90°，缩放为100%（图4-42）。

（5）绘制封口描边效果

继续为信封绘制封口描边效果，在图层样式“渐变叠加混合模式”中选择为“正常”，不透明度为100%。在渐变参数中的开端位置0%处颜色设置为R118、G39、B26，不透明度为100%；位置100%处颜色设置为R160、G26、B29，不透明度为100%，勾选“与图层对齐”，样式为“线性”，角度为90°，缩放为100%（图4-43）。

（6）绘制信封上部封口

绘制信封上部封口，新建图层，在图层样式“渐变叠加混合模式”中选择为“正常”，不透明度为100%。在渐变参数中的开端位置0%处颜色设置为R161、G35、B43，不透明度为100%；末端位置100%处颜色设置为R237、G151、B102，不透明度为100%。勾选“与图层对齐”，样式为“线性”，角度为39°，缩放为100%。

继续在图层样式“投影混合模式”中选择为“正片叠底”，颜色选择黑色，不透明度为23%，角度为120°，距离为4个像素，扩展为0个像素，大小为16个像素（图4-44）。

图4-41　绘制信封折叠痕迹

图4-42　绘制封口造型

图4-41：在图形中央绘制折线图形，并填充较深的灰色，形成信封的体积感。

图4-42：在基础图形表面绘制橙红色描边图形。

图4-43　绘制封口描边效果

图4-44　绘制信封上部封口

图4-43：继续绘制右侧封口描边效果，填充的色彩比左侧深。

图4-44：继续绘制表面封口图形，表现出过渡渐变效果，并添加高光，设计完成。

本章小结

本章讲解UI硬件界面设计，包括硬件设备的操作界面、显示界面、控制界面等。核心目标是提升用户体验，使用户能够更轻松、更高效地使用硬件设备。随后，列举几个UI硬件界面设计案例，分析讲解这些案例的制作步骤，深刻学习UI硬件界面设计方法。

课后练习

1）硬件交互的常见设备有哪些？

2）硬件交互和软件交互有什么异同？

3）你觉得智能硬件的发展对交互设计有哪些促进作用？

4）举例说明生活中有哪些交互设计属于硬件交互。

5）选择任意设备，谈谈该设备界面的UI设计有哪些优点和缺点。

6）设计1个简约风格的硬件UI。

7）自定义风格，为键盘按键设计UI。

8）VR技术属于硬件交互吗？简要阐述你的观点。

9）以当地特产或民俗文化为设计元素，设计三个硬件UI图形。

5 软件界面设计

学习难度：★★★★★
重点概念：应用 UI、网站 UI、元素设计

章节导读

在电子设备上安装的软件，其用户界面同样包含着交互式设计的核心理念。深入理解不同操作系统基于界面交互的特质，是创造优质用户界面设计的关键。为了满足各种类型软件的使用环境、用户心理特性、使用习惯以及交互规律，需要设计出能够符合用户期望的界面（图5-1）。

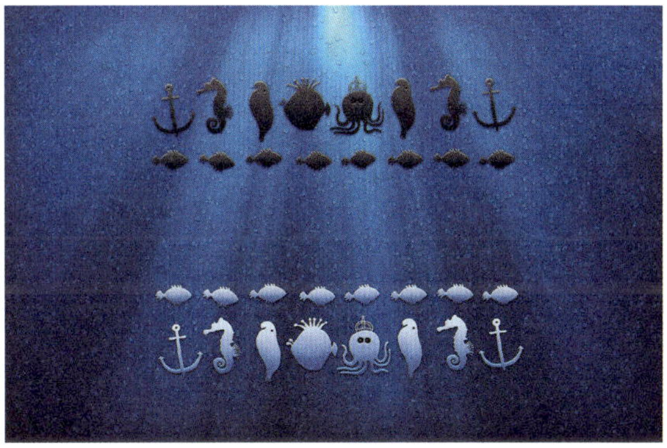

图5-1　质感UI

图5-1：以国际象棋的形象为设计媒介，经过充分变形，融入海洋生物造型，形成全新的质感，适用于象棋游戏软件界面设计。

5.1　导航栏设计

导航栏作为应用功能展示板块的一部分，通常以图标形式出现在页面的顶部和两侧。其设计内容较为固定，如搜索引擎的导航栏通常包括企业LOGO、网站名称、登录注册和天气等。导航栏在设计中起着至关重要的作用，它像一个结构框架，将各个站点和软件内的页面组合在一起，对内容进行分层次展示（图5-2）。

5.1.1 网站类

（1）政府网站导航栏

政府网站是政府为公民、企业与政府人员能便捷查询相关政务信息，将各类信息进行跨部门整合的综合业务应用系统（图5-3）。

（2）门户网站导航栏

门户类网站是将各个应用系统和数据资源集合到一个管理平台上，以统一的界面提供给用户。常见门户类网站有搜索引擎和新闻资讯等（图5-4）。

图5-2：立体化导航栏占据较大屏幕面积，通过立体人物形象来充实屏幕内容。四个方向能引导用户快速、清晰寻找到自己所需要的内容，还可以移动鼠标对导航栏进行转动，具有较强的互动性。

图5-2 导航图标

图5-3 政府网站导航栏

图5-3：在政府网站的导航栏中，各类别栏目都经过了严谨而合理的编排，一级栏目与子级栏目都具有明确的指向性，能够使公众迅速、便捷地接入相关部门，为查阅相关资讯提供极大便利。常见的板块包括公众参与、政务公开、资源整合等，这些板块各具特色，共同为公众提供全方位的服务。

资讯类门户网站的导航栏通常根据新闻类型的分类来设计，文本精简明确，以供用户快速选择需要查阅的内容板块。

搜索引擎的导航通常会按照检索类型，如文本、图片或音频等进行分类，可为用户缩短操作时间，节省精力。

图5-4　门户网站导航栏

（3）商务网站导航栏

商务网站具有营利性质，但这并不妨碍设计师根据用户喜好设计交互方式。企业或机构建立网站，旨在宣传企业形象以及提供商业服务，网站导航栏通常包含商品信息、资讯展示、联系方式等板块（图5-5、图5-6）。

图5-5　亚马逊网站导航栏

图5-5：交易平台型商务网站的主要功能是提供第三方交易平台，网上商场都属于交易网站。这类网站的导航栏由商品类型组成，有指向性明显的图片，也穿插一些言简意赅的文案，提供产品的主要信息，例如通过促销、进口、限量等关键字眼吸引消费者眼球。

图5-6：企业宣传类型的商务网站是企业为在互联网宣传公司形象和进行网络销售而设。这类网站好比企业的名片，所以导航栏中常见的是企业形象、产品信息以及联系方式。在展示形象和实力的同时，也有辅助销售产品的作用。用户在导航栏中能快速找到企业、商品相关的各种信息。

图5-6　雷克萨斯网站

（4）社区网站导航栏

社区网站如同网络上的虚拟社区，为商业圈、信息圈和娱乐圈注入活力，同时也为网民提供一个积极互动的平台。这类网站的导航分类丰富多样，反映出其独特的性质（图5-7、图5-8）。

①社交类。社交类网络平台注重生活化，导航栏的分类与日常生活紧密相连。用户可以在此就某一话题展开讨论，分享喜爱的音乐等。此类网站的导航栏需要设计得丰富全面，涵盖美食、摄影、阅读、户外等方面，满足不同用户的社交需求和倾向。

图5-7　新浪网首页导航栏

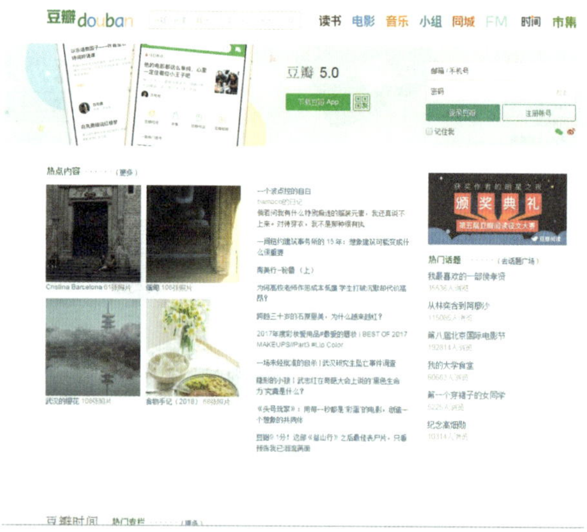

图5-8　豆瓣论坛导航栏

图5-7：新浪网内容较正式规范，因此板块划分有序，排版密集。

图5-8：豆瓣论坛更倾向生活娱乐，在版面导航设计上，字体更大，形式更多样。

②共享类。共享类社区网站各具特色，如科学、饮食、服饰搭配等。导航栏的设计应更注重门类的专业性，凸显网站的独特风格（图5-9、图5-10）。

（5）游戏网站导航栏

游戏网站的导航栏通常由注册、登录、游戏资讯公告、客服交流等板块组成。导航形式不局限于单一的文字，而是通过搭配图案以及运用游戏中的元素，为用户带来更加丰富的界面视觉效果（图5-11、图5-12）。

（6）学术网站导航栏

学术网站多是封闭性实名制社区，通常是供某一领域内专业人员相互交流和学习的网站（图5-13、图5-14）。

图5-9　糖堆网导航栏

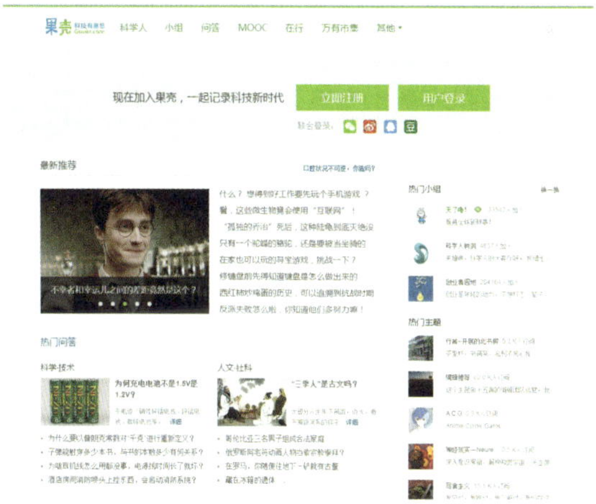

图5-10　果壳网导航栏

图5-9：糖堆网采用大图展示服装，图片即是导航按钮。

图5-10：果壳网内容密集度较高，但是也融入了图片按钮的导航形式。

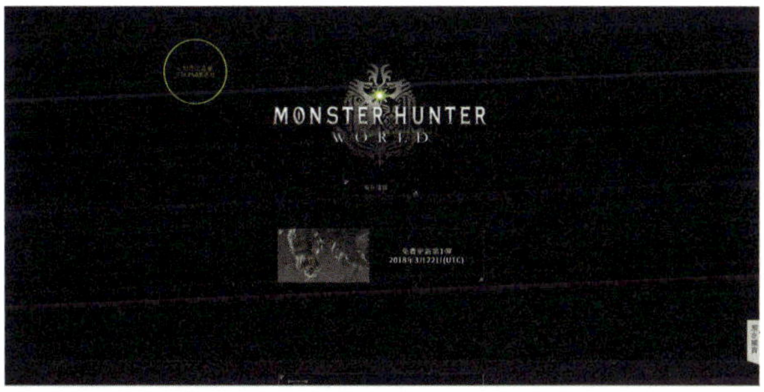

图5-11　《怪物猎人》导航栏

图5-12　《最终幻想》导航栏

图5-11：《怪物猎人》游戏采用黑色底图衬托图形，强烈突出游戏名称与主题标志。

图5-12：《最终幻想》游戏首页采取图块分隔的形式，将导航功能分配至不同图块中，用户点击更轻松便捷。

图5-13：诺贝尔奖委员会网站要满足世界各国科学家浏览需求，因而较为注重文字表现，强化字体醒目程度与装饰美感，点击文字即可获得链接导航。

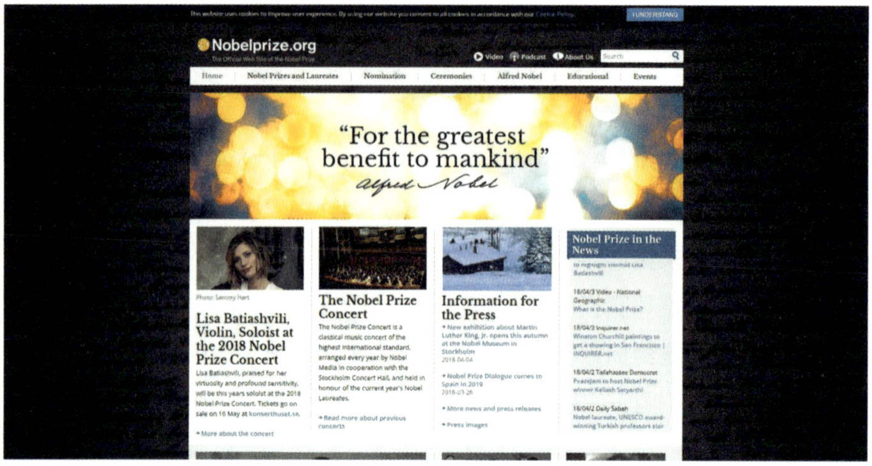

图5-13　诺贝尔奖委员会网站

图5-14：国际数学家联盟网站力求简洁，基本采用文字作为导航链接。

图5-14　国际数学家联盟网站

5.1.2　应用类

（1）手机应用导航栏

设计手机浏览器页面和应用程序界面的导航栏时，必须充分考虑空间的有效利用，以简洁易用为首要原则。常见的手机导航设计模式包括列表型、网格型、扩展型等，其分布位置也各不相同，如顶部、底部、两侧等（图5-15）。

（2）PC端应用导航栏

PC端应用导航栏的设计，不仅视觉效果出色，空间安排也极为合理。逻辑性和引导性，更是PC端导航栏不可或缺的两大要素。这类导航栏的设计形式丰富多样，有的采用超大导航栏，以醒目的提示功能，有效传递核心信息（图5-16）。

（a）肯德基优惠券App导航栏　（b）校园生活App导航栏　（c）闲鱼App导航栏

图5-15　手机应用导航栏

图5-15（a）：肯德基优惠券App的导航图标设计具有直观效果，帮助用户快速识别并运用。

图5-15（b）：校园生活App的导航图标采用单线绘制导航图标，简化图形表意。

图5-15（c）：闲鱼App的导航图标在单线的基础上设置黄色，与整体界面保持一致。

图5-16　PC端应用导航栏

图5-16：PC端导航图标注重视觉效果的整体性，当图标表意与形象不同时，可以采取叠加图形的方式，或给图形底部增加矩形、圆形色块获得统一的形态。

（3）其他应用导航栏

除了电脑和手机，生活中也有很多常见的智能设备。它们的界面同样运用到了交互设计，在各行各业起到举足轻重的作用（图5-17～图5-19）。

图5-17　ATM机导航栏

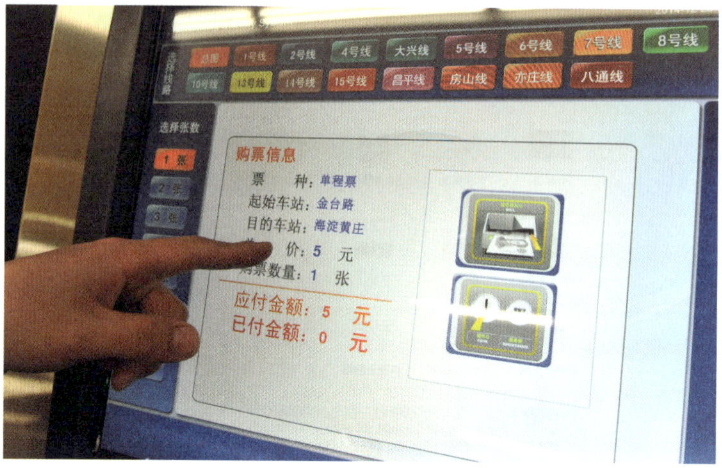

图5-18　地铁自动售票机导航栏

图5-17：ATM机的导航界面简洁，采用实体物理按键来辅助操作，确保资金管理的安全性。

图5-18：地铁自动售票机对不同地铁线路进行分色处理，通过色块与文字的搭配准确表述信息。

图5-19：车载导航仪为了避免生成眩光，多选用深色底图，导航图标设计为达到醒目目的，大多设计为立体感较强的图标形式，并搭配金属质感，与汽车仪表按键保持一致。

图5-19　车载导航仪导航栏

5.2　按钮设计

按钮是负责交互的主要元素，在应用中的常见功能有跳转链接、弹出信息、控制屏幕等（图5-20）。

按钮作为一种功能性元素，在各种类型的应用中都发挥着各自的作用。在游戏操作界面中，按钮能够操控游戏内角色的移动；在对话框中，通过点击键盘上的字母和数字按钮，用户可以输入文本；而在手机界面中，按钮则起到调节音量大小和屏幕亮度等作用，这些都是按钮功能性的体现。

符号的形式并不局限于具象或意象，无论是字母、数字、物品等实体化的物体，还是撤退、前进、蹲下等意识行为，都可以使用大众认知范围内的符号进行准确表达（图5-21、图5-22）。

（a）按钮图形相同设计

（b）按钮图形引申设计

图5-20　按钮交互设计

图5-20（a）：按钮图形相同，但是点击后会发生色彩或造型变化，形成一定视觉回馈效果。

图5-20（b）：按钮设计为大图标，点击大图标后会关联小图标发光或变色，形成回馈互动。

图5-21　点击按钮

图5-22　链接断开按钮

图5-21：手的图形简单直观，能模拟出点击效果。

图5-22：此按钮表明断开网络或与其他软件连接，锁链造型突出，提示当前为断开状态。

5.2.1　链接类按钮

链接类按钮是一个广泛应用的概念。从功能的角度来看，所有的按钮都具有链接特性。简单来说，链接类按钮的定义就是：通过点击界面上的某个元素，触发相应的代码，从而实现跳转到其他页面的效果。

（1）安全性

用户与平台交互过程中，按钮背后所隐藏的链接内容并不总是明显展示给用户。这导致用户在激活按钮时，对即将跳转的未知页面缺乏明确的了解。以微信和淘宝等应用为例，这些平台频繁地使用链接和支付页面，假如这些链接存在安全漏洞或遭遇恶意篡改，按钮就丧失了安全性，可能会给用户造成经济方面的损失（图5-23）。

（2）常用性

链接性质的按钮常常设计在引人注目的位置，或者通过闪烁等视觉暗示来吸引用户眼球。这样的设计手法可以明显提升按钮的浏览量和点击率。这是对用户操作心理的一种深刻把握，以此来优化交互体验质量。例如，常用的登录和注册类链接，通常被放置在界面中与人的视线齐平的位置，这样做是为了让用户在第一时间看到这些常用功能，从而降低用户的操作难度，提升用户的操作体验（图5-24）。

图5-23　安全性按钮设置

图5-24　常用性按钮设置

图5-23：微信安全提示按钮会搭配感叹号盾牌图形来表明风险的严重性。

图5-24：微信登录按钮为长条状，占据整个屏幕宽度，手指点击时不会压住“登录”二字，具有正确的识别性。

5.2.2　控制类按钮

从信息输入的角度出发，控制类按钮的逻辑性设计要求严谨细致。点击按钮和触发效果需要保持同步且一致，绝不能出现引导信息与按钮不相符或者产生无效操作等逻辑问题。为了达到这一目标，设计师要在按钮的布局、颜色、形状等方面进行深入研究，力求让每个按钮都能准确传达其功能，让用户在操作过程中感到舒适和便捷（图5-25）。

（a）视频播放控制按钮

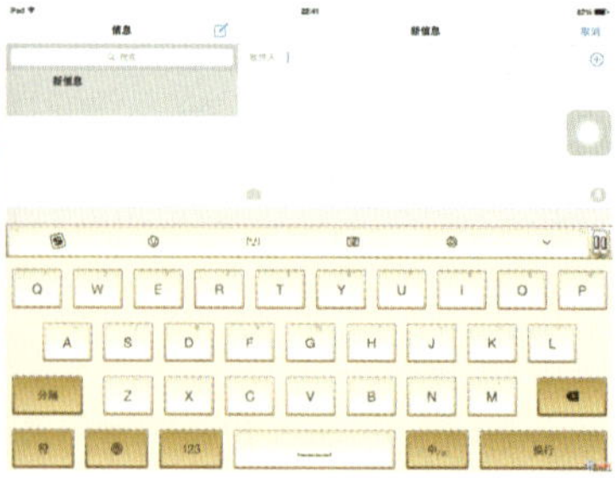

（b）虚拟键盘控制按钮

图5-25　控制按钮

图5-25（a）：视频播放控制按钮注重简洁，整体控制面板为透明状，不影响观察视频画面，便于监控进度。

图5-25（b）：虚拟键盘控制按钮要注重细节，按钮的尺寸、字体、颜色等应根据实际需求进行调整，以便在满足功能性的同时提升用户体验。在某些特定场景下，如移动端界面设计，还需要考虑到按钮的触摸舒适度和准确度，避免用户在操作过程中出现误触现象。

5.3 提示窗口设计

在提示窗口设计中，应根据用户需求添加各类辅助元素，这些元素旨在实现属性转换的功能，从而丰富窗口界面的应用场景。这样不仅优化了用户界面，还增强了操作的灵活性（图5-26）。

窗口通常包含文字和图像，这些信息取决于窗口的类别。我们常见的窗口类型包括弹出的指令窗口、对话窗口和信息展示窗口等。这些窗口在不同环境下的性质和展示方式各不相同。窗口设计的原则是既不能过于频繁地弹出，以免干扰用户体验，同时也需要避免因信息补充不及时或不完整而影响交互的完整性（图5-27）。

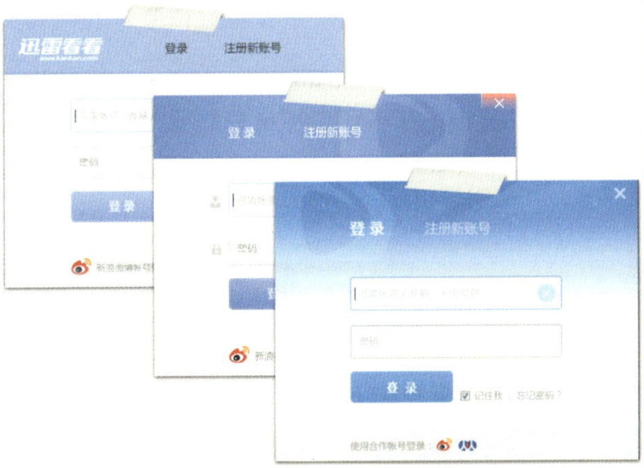

（a）登录窗口

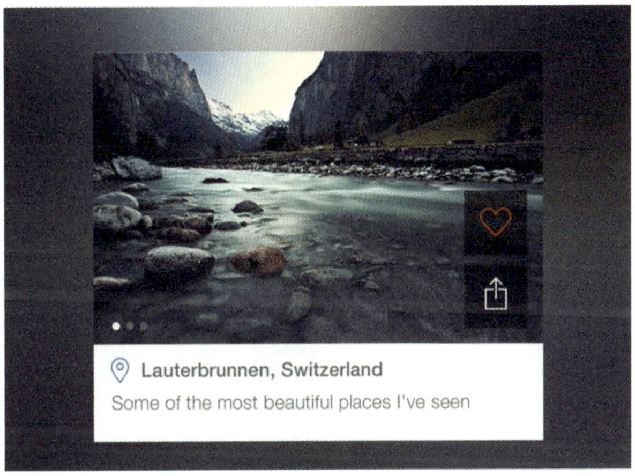

（b）进入窗口

图5-26　窗口交互界面

图5-26（a）：登录窗口设计多中规中矩，容易识别，且具有亲和力，大多数登录窗口都是统一的模式。

图5-26（b）：进入窗口以图片为主，有等待软件程序加载的功能，让用户有进入程序前的心理预知。

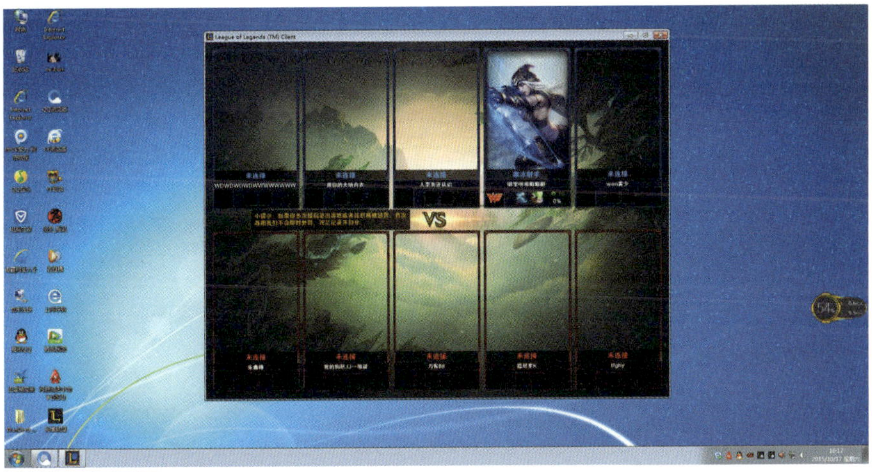

图5-27：为了避免窗口形式凌乱，可在一个大窗口中设计多个小窗口，用于分类展示不同软件程序，便于用户选择启动。

图5-27　窗口形式

5.3.1 界面美观

窗口在各种应用中都有相应的视觉效果。为了展示不同的效果，窗口的界面样式也各有特色。尽管窗口不属于分级页面，但同样是交互体验的重要环节。合理的布局、优化的视觉效果，都是构成窗口界面美观的基本要素（图5-28）。

5.3.2 信息时效

在众多界面中，弹出的窗口有时是广告信息的载体，有时则是系统在处理当前操作过程中遇到异常、不合理或罕见情况时主动弹出的即时提示页面。这类窗口往往具备提示和引导功能，某些情况下，也会以警示的形式实时纠正用户的操作。例如，在支付环境中，通常会弹出安全提示；在游戏环境中，会对玩家的不正当言行发出警告。这些窗口都是由界面操作的具体情况触发的（图5-29）。

（a）纵向分栏界面　（b）全屏界面

图5-28 界面设计

图5-28（a）：纵向分栏界面中，每个栏目独立设计，选用不同的色彩搭配模式，彼此间有较大区分，能清晰表现界面中的功能。

图5-28（b）：全屏界面占据整个屏幕，让用户有整体感与归属感。界面中图文信息量大，表意明确。

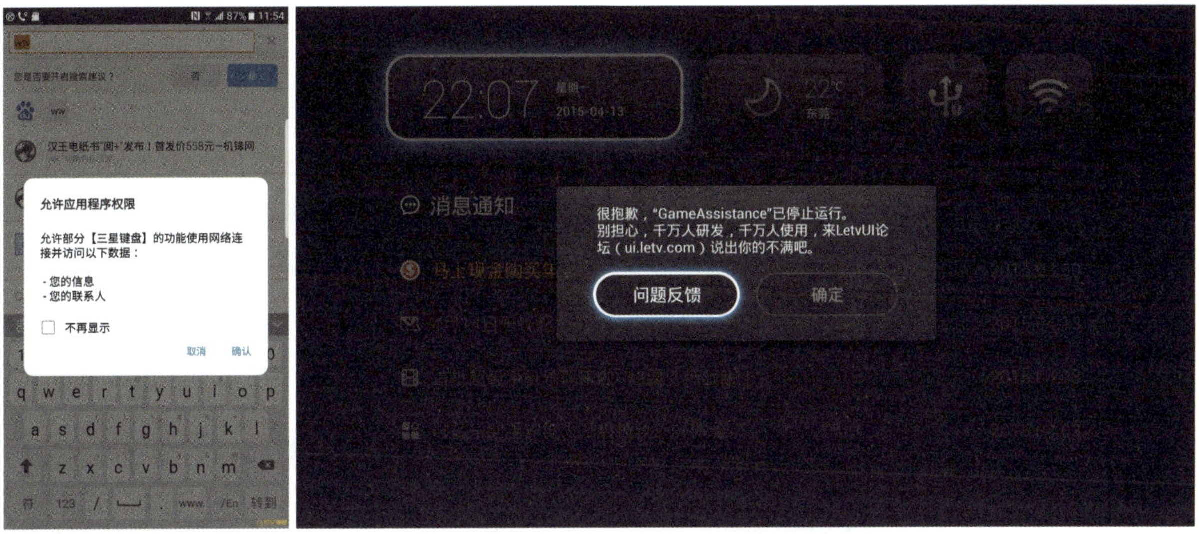

（a）支付提示　　（b）游戏提示

图5-29　提示类窗口

图5-29（a）：支付提示通常采用白底黑字，表示郑重警示。

图5-29（b）：游戏提示多为黑底白字，表意明确且温和。

5.4　进度条设计

进度条是一种方便的交互设计元素，用于向用户展示文件大小、完成进度和剩余时间等信息。通常，进度条在等待加载或文件传输等场景中使用。在这些场景中，设备在后台处理信息，操作界面没有太多的变化（图5-30）。

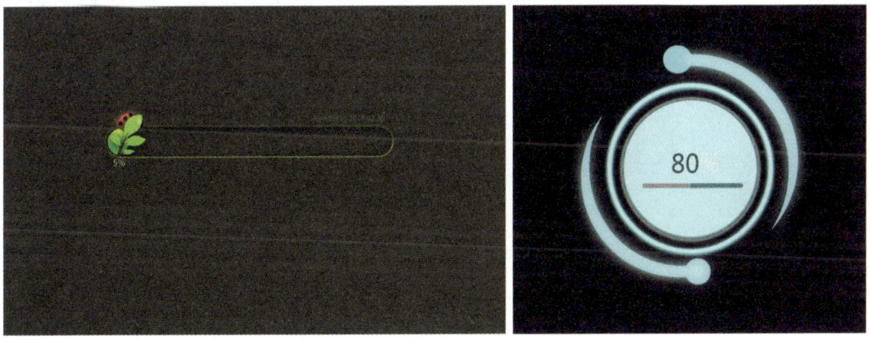

（a）横向进度条　　（b）旋转进度条

图5-30　进度条设计

图5-30（a）：横向进度条多适用于短时等待，等待时间在20秒以内。

图5-30（b）：旋转进度条多适用于长时等待，等待时间在20秒以上，通过图形的反复旋降低用户的焦虑感。

5.4.1　游戏加载进度条

当游戏资源有所更新时，玩家启动游戏界面，便会弹出下载资源更新包的提示。这里一般需要设计进度条，进度条的设计务必紧密融入游戏界面风格，确保色彩搭配与样式选择高度统一。加载进度条的设计通常会巧妙地融入趣味元素，避免玩家因等待而产生焦躁情绪（图5-31）。

5.4.2　文件下载进度条

文件下载进度中融合了音频、视频或图片等多种信息。下载过程中，系统会以进度条的形式，直观展示文件大小、下载时间等关键信息，用户对当前下载进度一目了然。即使用户退出主页面，进度条依然在后台工作，持续传输数据，为用户节省时间。用户可以随时下拉菜单，查看并监控下载进度（图5-32）。

图5-31：时间较长的横向进度条还需搭配文字说明，让用户了解加载缘由或事项，便于耐心等待。

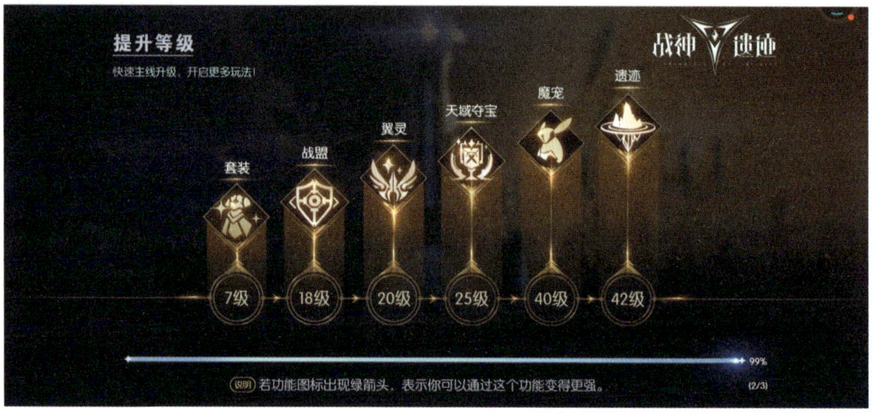

图5-31　游戏加载进度条

（a）数字进度　　（b）环形进度　　（c）条形进度

图5-32　文件下载进度条

图5-32（a）：数字进度适用于非主页内容展示，仅有数字变动，无其他图形信息，表示后台正在下载或运行软件。

图5-32（b）：环形进度适用于同时展示多个程序进度，速度一般较慢，适用于长时间运行。

图5-32（c）：条形进度适用于界面面积较大的软件页面，通常搭配数据、文字、图片信息，用来分散用户的注意力。

5.4.3 缓冲类进度条

因网络环境导致页面加载延迟时，缓冲进度条是一种常见的UI设计。例如，当视频播放出现卡顿时，通常会显示一个不停旋转的小图标，以向用户表明系统正在努力加载内容（图5-33）。

（a）环形　　（b）条形

图5-33 缓冲进度条

图5-33（a）：环形缓冲进度条会反复旋转，重复动态效果，直至缓冲完成。

图5-33（b）：条形缓冲进度条会从左向右，再从右向左，反复滚动，直至缓冲完成。

5.5 菜单栏设计

菜单栏作为一种普遍存在的界面元素，布局设计巧妙，不侵占主界面空间资源，功能不局限于展示一系列同属于特定范畴的选项，不仅有助于实现更为精细的分类管理，而且对于维持界面整体的整洁与视觉美观具有重要作用（图5-34）。

5.5.1 收纳性

具有高度收纳性的菜单栏应当以层次化的方式展示系统中可执行的命令，按照重要性，通常从左到右排列，同时这些层次的设定会根据不同应用程序的需求而有所调整。菜单栏的核心功能是对界面元素进行分类和归纳，实质上是一种树形结构，为用户寻找和使用所需功能提供便捷入口。用户只需点击UI元素，就能展示子级选项（图5-35）。

（a）竖向分列

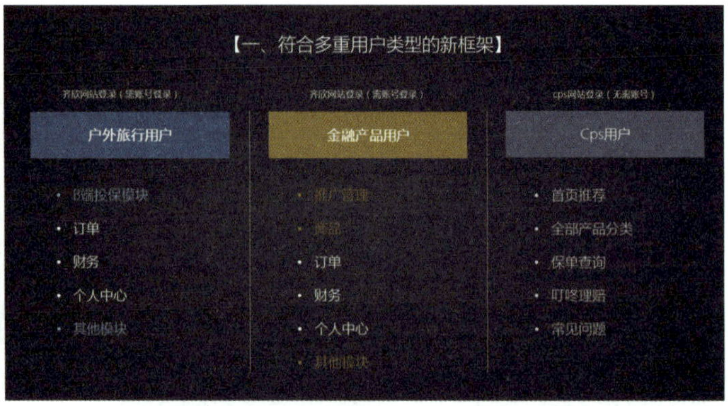

（b）横向分列

图5-34　菜单栏

图5-34（a）：竖向分列的菜单栏适用于内容较少的页面，可以在菜单栏中继续设计下拉列表来拓展程序设置内容。

图5-34（b）：横向分列的菜单栏适用于内容较多的页面，可以对菜单栏进行分类后横向排列，为了避免混淆，可选用不同色彩进行区分。

图5-35（a）：文档软件功能齐备，菜单层次丰富，菜单设计多以文字标题为主，需要对菜单功能进行分类，形成较强的逻辑性。

图5-35（b）：游戏装备细节丰富，除了文字外，还需搭配图形来表述菜单功能，以形象化语言诠释游戏功能。

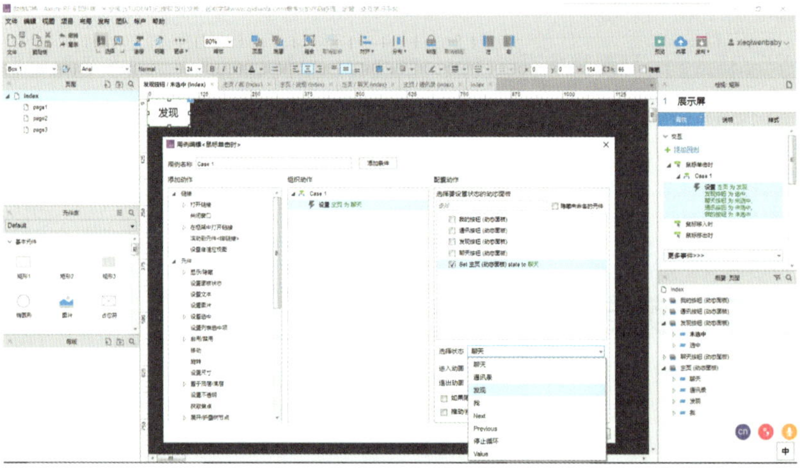

（a）文档软件界面菜单

图5-35　功能菜单

（b）游戏装备界面菜单

5.5.2 便捷性

将元素进行分类，以便用户在交互过程中能快速找到所需选项，使操作变得更加简便快捷，从而提高交互效率。便捷性主要体现在优化文件操作和编辑功能上，左右界面的各种设置都要以用户操作心理为基础进行设计。例如，通常可以将“帮助”选项放在屏幕右侧，以便用户在需要时能够快速找到（图5-36）。

5.5.3 可塑性

用户通常需要利用鼠标左键来激活菜单选项，当用户在菜单栏点击某个特定命令，系统便会自动展开一个下拉菜单。现代软件具备智能记忆功能，能记录用户的操作习惯。基于此，菜单系统会优先展示那些与用户最近一次操作最为相关的命令，能够极大提升操作效率。此外，那些近期未被激活的命令会逐渐从菜单中消失，以此保持界面的整洁性（图5-37）。

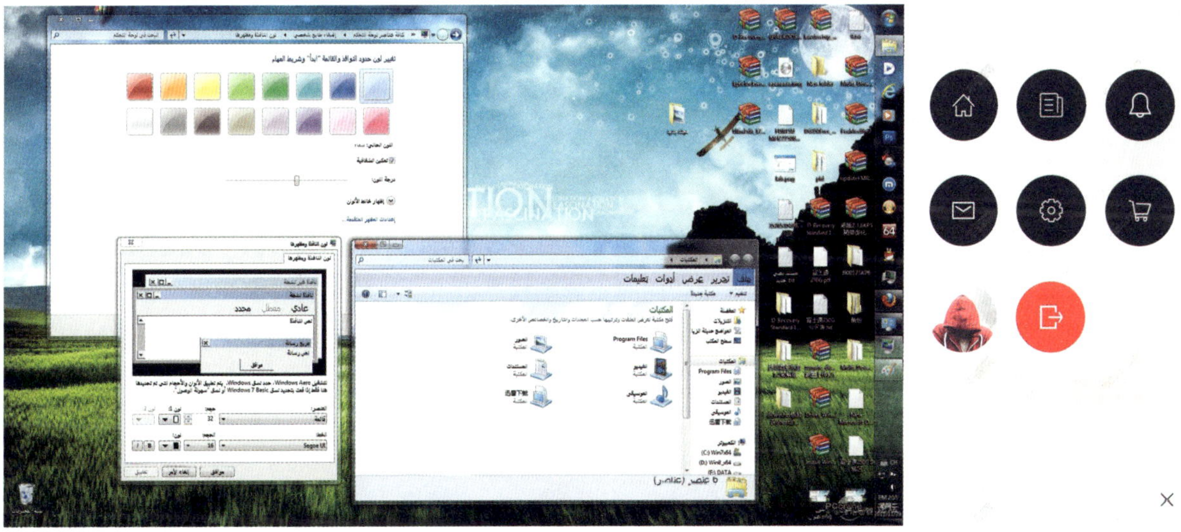

（a）菜单之间的关联　（b）自定义菜单

图5-36　菜单分类

图5-36（a）：菜单之间应当有一定关联，在实施菜单操作时，应当在界面旁展示操作结果，便于用户获得回馈。

图5-36（b）：在基础菜单上可以自定义拓展功能菜单，便于提高操作效率。

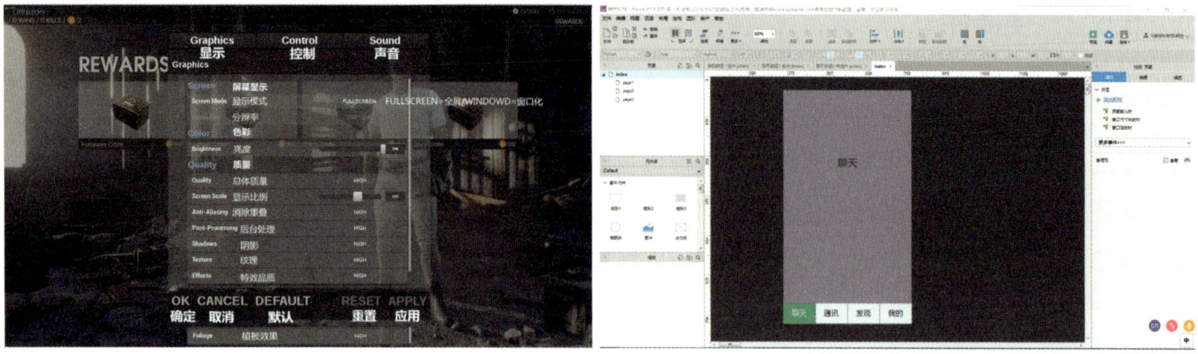

（a）菜单展开　　（b）菜单隐藏

图5-37　页面菜单

图5-37（a）：点击菜单主要名称按钮后能展示所有的菜单命令。用户可以自行隐藏或显示UI元素，这种灵活性使界面交互过程更为便捷和简洁。

图5-37（b）：同样，在没有点击的状态下，菜单中的拓展功能就会被隐藏。

5.6　图标与界面设计

5.6.1　图标元素设计

图标在界面设计中扮演着重要的角色。在UI元素的主要设计方向中，图标不仅可以作为后台运行程序的表现形式，还可以起到节约空间的作用，同时不影响程序运行。当需要暂时离开排列窗口时，用户可以根据自己的选择将对象图标化，以便快速访问。在一些特定界面中，图标还可以起到代替符号的作用（图5-38）。

图5-38：图标中的主题图形应当简洁，可用单色剪影或线条来表现，如果同类图标过多，应当在不同图标底部增加统一的底色图形进行衬托，并搭配文字，获得统一的视觉效果。

图5-38　图标元素

5.6.2 界面场景设计

界面场景设计在吸引消费者方面扮演着至关重要的角色。在界面场景设计中，心理因素和视觉因素是两个不可或缺的重要元素。深入把握用户心理便于设计出符合用户操作意图的功能。视觉因素则决定了用户在体验交互界面的过程是否愉快（图5-39）。

（a）有线电视界面　　　　（b）平板电脑界面

图5-39　界面场景设计

图5-39（a）：有线电视界面要兼顾多种使用功能，将电视、电影的剧照集中在一侧，并搭配缩略图来辅助切换，形成完善的界面场景。

图5-39（b）：平板电脑的主要功能分散，观看影视只是其中一项功能，因此打开界面后就是单一的影视功能，随时可以关闭，不需要营造出界面场景氛围。

5.7　UI软件界面设计案例

UI软件界面设计灵活多变，要充分表现软件程序的丰富性与多样化，方便用户操作。下面详细讲解三个UI软件界面设计的方法与步骤。

5.7.1　开关按钮

（1）新建画布

分三个图层，创建三个填充色不同的圆角矩形形状。这三个图层的设置相同，仅颜色不同。描边大小为3个像素，位置为“外部”，混合模式为“正常”，不透明度为15%，填充类型为“渐变”。第一个图层为灰色，在渐变参数中的开端位置0%处颜色为R153、G153、B153，不透明度为100%；末端位置100%处颜色设置为R255、G255、B255，不透明度为100%。其余两个图层的填充色根据设计自行选择，如选择黄色、绿色。

勾选“反向”和“与图层对齐”，样式为“线性”，角度为90°，缩放为100%。

继续在图层样式“内阴影混合模式”中选择“正常”，颜色选择黑色，不透明度为15%，角度为90°，距离为2个像素，阻塞为0%，大小为5个像素。

继续在图层样式“内发光混合模式”中选择“正常”，不透明度为70%，杂色为0%。在渐变参数中的开端位置0%处颜色为圆角矩形填充色，不透明度为100%；末端位置100%处颜色为圆角矩形填充色，不透明度为0%。图层样式为“边缘柔和”，阻塞为100%，大小为1个像素。

继续在图层样式“渐变叠加混合模式”中选择“柔光”，不透明度调整为25%。在渐变参数中的开端位置0%处颜色选择黑色，不透明度为100%；末端位置100%处颜色选择白色，不透明度为100%。勾选“反向”和“与图层对齐”，样式为“线性”，角度为90°，缩放为100%（图5-40）。

（2）绘制投影

选择合适半径、不透明度、流量数值参数，分别在矩形单侧点出按钮投影的效果（图5-41）。

（3）绘制三个正圆形状

分别绘制三个正圆形状，描边大小1个像素，位置为“外部”，混合模式为“正常”，不透明度为100%，填充类型为“渐变”。在渐变参数中的开端位置0%处颜色设置为R153、G153、B153，不透明度为100%；末端位置100%处颜色设置为R255、G255、B255，不透明度为100%，勾选“与图层对齐”，样式为“线性”，角度为90°，缩放为100%。

继续在图层样式“内阴影混合模式”中选择“正常”，颜色选择黑色，不透明度为10%，角度为-90°，距离为3个像素，阻塞为0%，大小为1个像素。

继续在图层样式“内发光混合模式”中选择“正常”，不透明度为40%，杂色为0%。在渐变参数中的开端位置0%颜色选择白色，不透明度为100%；末端位置100%处颜色选择白色，不透明度为0%。图层样式为“边缘柔和”，阻塞为50%，大小为1个像素。

继续在图层样式“渐变叠加混合模式”中选择“正常”，不透明度为20%。在渐变参数中的开端位置0%处颜色选择黑色，不透明度为100%；位置50%处颜色设置为R119、G119、B119，不透明度为100%；末端位置100%处颜色选择白色，不透明度为100%，勾选“与图层对齐”，样式为“线性”，角度为90°，缩放为100%。

图5-40　新建画布

图5-41　绘制投影

图5-40：新建灰色且带有渐变的画布，在中央绘制三个圆角矩形，并填充不同色彩。

图5-41：绘制圆形，并赋予图层特效，形成灰色朦胧图形效果。

继续在图层样式“投影混合模式”中选择“正常”，颜色选择黑色，不透明度为10%，角度为90°，距离为3个像素，扩展为0个像素，大小为0个像素（图5-42）。

（4）叠加正圆形状

新建图层，绘制叠加的正圆形状，在图层样式“内阴影混合模式”中选择“正常”，颜色选择黑色，不透明度为5%，角度为90°，距离为1个像素，阻塞为0%，大小为0个像素

继续在图层样式“渐变叠加混合模式”中选择“正常”，不透明度为25%。在渐变参数中的开端位置0%处颜色选择灰色，不透明度为100%；末端位置100%处颜色选择白色，不透明度为100%。勾选“反向”和“与图层对齐”，样式为“线性”，角度为90°，缩放为100%（图5-43）。

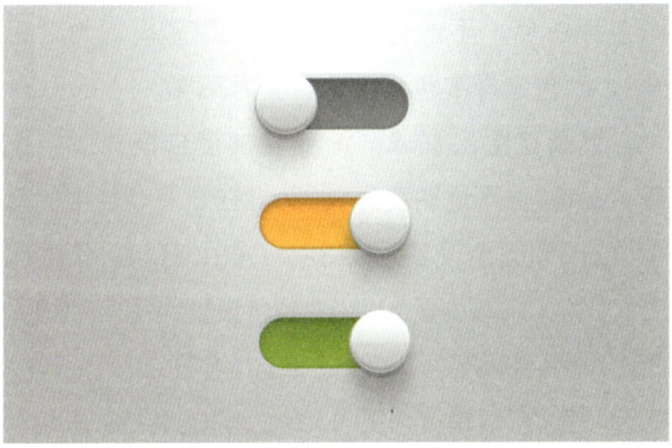

图5-42　绘制正圆形状

图5-42：绘制正圆形，并赋予图层特效，形成柔和的立体效果。

（5）在按钮旁配上文字

新建文字图层，输入文字，在文字图层样式“内阴影混合模式”中选择“正常”，颜色选择黑色，不透明度为15%，角度为90°，使用全局光，距离为1个像素，阻塞为0%，大小为0个像素。

继续在图层样式“投影混合模式”中选择“正常”，颜色为白色，不透明度为50%，角度为90°，距离为1个像素，扩展为0个像素，大小为1个像素（图5-44）。

（6）在开关内部绘制提示

新建文字图层，输入文字，在文字图层样式“颜色叠加混合模式”中选择“正常”，颜色为白色，不透明度为100%。

继续在图层样式“投影混合模式”中选择“加深”，颜色选择黑色，不透明度为15%，角度为90°，距离为1个像素，扩展为0个像素，大小为0个像素（图5-45）。

图5-43　叠加正圆形状

图5-44　配上文字

图5-43：在圆形中央继续叠加小圆形，并填充反向渐变色彩，形成一定体积感。

图5-44：输入相应的功能文字，用于指示功能说明。

图5-45 绘制提示

图5-45：在按钮色彩区域中央输入文字和图形，强化功能说明，完成设计。

5.7.2 进度装置

（1）新建背景层

新建图层，绘制一个正方形矩形。在图层样式"斜面和浮雕样式"中选择"内斜面"，方法为"平滑"，深度为215%。方向选择"上"，大小为13个像素，软化为16个像素，阴影角度为90°，高度为30°。

继续在图层样式"高光模式"中选择"滤色"，颜色为白色，不透明度为75%，阴影模式为"正片叠底"，颜色选择灰色，不透明度为75%。

继续在图层样式"渐变叠加混合模式"中选择"正常"，不透明度为100%。在渐变参数中的开端位置0%处颜色选择灰色，不透明度为100%；末端位置100%处颜色选择白色，不透明度为100%。勾选"与图层对齐"，样式为"线性"，角度为90°，缩放为100%。

继续在图层样式"投影混合模式"中选择"正常"，颜色选择黑色，不透明度为75%，角度为90°，距离为27个像素，扩展为0个像素，大小为54个像素（图5-46）。

（2）在正方形矩形上绘制正圆

新建图层，绘制一个正圆在图层样式"渐变叠加混合模式"中选择"正常"，不透明度为100%。在渐变参数中的开端位置参数选择0%处颜色为白色，不透明度为100%；末端位置100%处颜色为灰色，不透明度为100%。勾选"与图层对齐"，样式为"线性"，角度为90°，缩放为100%（图5-47）。

（3）绘制彩色进度条效果

在图层样式"斜面和浮雕模式"中选择"内斜面"，方法选择"平滑"，深度为103%，方向选择"上"，大小为10个像素，软化为26个像素，阴影角度为90°，高度为30°。

继续在图层样式"高光模式"中选择"滤色"，颜色为白色，不透明度为75%，阴影模式为"正常"，颜色选择灰色，不透明度为38%。

继续在图层样式"渐变叠加混合模式"中选择"正常"，不透明度为100%。在渐变参数中的开端位置0%颜色设置为R232、G48、B74，不透明度100%；末端位置100%处颜色设置为R21、G89、B210，不透明度为100%，勾选"与图层对齐"，样式为"角度"，角度为90°，缩放为100%（图5-48）。

（4）给加载进度条添加质感效果

绘制一个正圆，在图层样式"斜面和浮雕模式"中选择为"内斜面"，方法选择"平滑"，深度为100%，方向选择"上"，大小为8个像素，软化为11个像素，阴影角度为90°，高度为30°。

继续在图层样式"高光模式"中选择为"滤色"，颜色选择白色，不透明度为75%。

继续在图层样式"阴影模式"中选择为"正片叠底"，颜色选择灰色，不透明度为67%。

继续在图层样式"内阴影混合模式"中选择为"正片叠底"，颜色选择黑色，不透明度为75%，角度为120°，距离为0个像素，阻塞为0%，大小为20个像素（图5-49）。

（5）绘制正圆

新建图层，绘制中心正圆，在图层样式"内阴影混合模式"中选择为"正常"，颜色选择白色，

图5-46　新建背景层

图5-47　绘制正圆

图5-48　绘制彩色进度条

图5-46：在深色画布上创建圆角方形，并赋予图层特效，形成具有一定立体感的图形。

图5-47：在圆角方形的基础上绘制圆形，填充反向渐变形成立体感。

图5-48：绘制扇形图形，并填充红蓝渐变色，并赋予图层特效，形成具有一定立体感的图形。

不透明度为75%，角度为90°，距离为7个像素，阻塞为0%，大小为7个像素。

继续在图层样式“渐变叠加混合模式”中选择为“正常”，不透明度为100%。在渐变参数中的开端位置0%处颜色选择灰色，不透明度为100%；末端位置100%处颜色选择灰色，不透明度为100%。勾选“与图层对齐”，样式为“线性”，角度为90°，缩放为100%。

继续在图层样式“投影混合模式”中选择为“正常”，颜色选择黑色，不透明度为72%，角度为90°，距离为14个像素，扩展为0个像素，大小为26个像素（图5-50）。

（6）输入百分数

采用“文字”工具，输入加载进度百分数，完成设计（图5-51）。

图5-49　添加质感效果

图5-50　绘制正圆

图5-51　绘制加载进度百分数

图5-49：给进度色块增加内投影，形成较明显的立体感。

图5-50：在上层继续绘制圆形，并赋予图层特效，形成较浅薄的立体感与外部投影。

图5-51：输入加载进度百分数，完成设计。

5.7.3 玻璃质感摄像头

（1）新建画布

绘制正圆形状，叠加底部形状作为投影（图5-52）。

（2）绘制正圆

在图层样式“内阴影混合模式”中选择为“正常”，颜色选择白色，不透明度为75%，角度为90°，勾选“使用全局光”，距离为1个像素，阻塞为0%，大小为0个像素（图5-53）。

（3）设置渐变叠加混合模式为正常

将图层不透明度设置为100%，在渐变参数中的开端位置0%处颜色选择白色，不透明度为100%；末端位置100%处颜色选择白色，不透明度为0%。勾选“与图层对齐”，样式为“径向”，角度为90°，缩放为150%（图5-54）。

（4）叠加一个较小的正圆

在图层样式“内阴影混合模式”中选择为“正常”，颜色选择白色，不透明度为100%，角度为90°，勾选“使用全局光”，距离为3个像素，阻塞为0%，大小为0个像素。

继续在图层样式“颜色叠加混合模式”中选择为“正常”，颜色选择黑色，不透明度为100%（图5-55）。

（5）继续叠加正圆形状

在图层样式“内阴影混合模式”中选择为“正常”，颜色选择白色，不透明度为50%，角度为90°，勾选“使用全局光”，距离为1个像素，阻塞为

图5-52 新建画布

图5-53 绘制正圆

图5-54 设置渐变叠加混合模式

图5-52：创建灰色画布，并绘制圆形，朦胧渐变效果作为投影。

图5-53：在上部绘制圆形，设置混合模式，底部用画笔填涂深色表现厚度。

图5-54：继续在上部绘制圆形，并填充过渡渐变效果。

0%，大小为0个像素。

继续在图层样式“颜色叠加混合模式”中选择为“正常”，颜色选择黑色，不透明度为100%（图5-56）。

（6）新建正圆

新建图层，绘制正圆，在图层样式“内阴影混合模式”中选择为“正常”，颜色选择白色，不透明度为50%，角度为90°，勾选“使用全局光”，距离为7个像素，阻塞为0%，大小为0个像素。

继续在图层样式“渐变叠加混合模式”中选择为“正常”，不透明度为100%。在渐变参数中的开端位置0%处颜色选择黑色，不透明度为100%；末端位置100%处颜色选择灰色，不透明度为100%。勾选“与图层对齐”，样式为“线性”，角度为90°，缩放为100%（图5-57）。

（7）绘制圆角矩形

新建图层，绘制圆角矩形在图层样式“内发光混合模式”中选择为“正常”，不透明度为75%，杂色为0%。在渐变参数中的开端位置0%处颜色选择黑色，不透明度为100%；末端位置100%处颜色选择黑色，不透明度为0%。图层样式为“边缘柔和”，阻塞为5%，大小为70个像素。

继续在图层样式“渐变叠加混合模式”中选择为“正常”，不透明度为100%。在渐变参数中的开端位置0%处颜色选择黑色，不透明度为100%；末端位置100%处颜色选择黑色，不透明度为100%。勾选“与图层对齐”，样式为“线性”，角度为-82°，缩放为141%。

继续在图层样式“外发光混合模式”中选择为“滤色”，不透明度为

图5-55　叠加一个较小的正圆

图5-56　继续叠加正圆形状

图5-57　新建正圆

图5-55：绘制并叠加圆形填充为深色，形成内凹层次感。

图5-56：继续绘制并叠加圆形填充为深色，灰色进一步加深，形成丰富的层次感。

图5-57：在表面新建圆形，设置图层特效，填充反向过渡渐变效果。

75%，杂色为0%。在渐变参数中的开端位置0%处颜色选择黑色，不透明度为100%；末端位置100%处颜色选择黑色，不透明度为0%。图层样式为“柔和”，扩展为0%，大小为0个像素（图5-58）。

（8）叠加正圆

新建图层，绘制正圆，在图层样式“渐变叠加混合模式”中选择为“正常”，不透明度为100%。在渐变参数中的开端位置0%处颜色设置为R106、G170、B190，不透明度为100%；位置43%处颜色设置为R75、G118、B148，不透明度为100%；位置84%处颜色设置为R71、G74、B116，不透明度为100%；末端位置100%处颜色设置为R109、G75、B114，不透明度为100%。勾选“与图层对齐”，样式为“径向”，角度为149°，缩放为87%。

再次叠加一个正圆，在图层样式“渐变叠加混合模式”中选择为“正常”，不透明度为100%。在渐变参数中的开端位置0%处颜色设置为R71、G130、B178，不透明度为100%；位置23%处颜色设置为R76、G75、B117，不透明度为100%；位置68%处颜色设置为R86、G78、B116，不透明度为100%；末端位置100%处颜色设置为R188、G50、B150，不透明度为100%，勾选“与图层对齐”，样式为“线性”，角度为159°，缩放为100%（图5-59）。

（9）绘制正圆形状

新建图层，绘制正圆，在图层样式“渐变叠加混合模式”中选择为“正常”，不透明度为100%。在渐变参数中的开端位置0%处颜色设置为R31、G31、B31，不透明度为100%；末端位置100%处颜色设置为R63、G23、B62，不透明度为100%。勾选“与图层对齐”，样式为“线性”，角度为90°，缩放为100%（图5-60）。

图5-58 绘制圆角矩形

图5-59 叠加正圆

图5-60 绘制正圆形状

图5-58：绘制带圆角的矩形，设置图层特效，形成内部发光。

图5-59：绘制两个圆形，逐渐缩小，反向填充蓝紫渐变色。

图5-60：绘制圆形压在紫色圆形上层，设置图层特效与填充渐变效果。

（10）绘制正圆形状制作镜头

新建图层，绘制正圆形状，在图层样式“渐变叠加混合模式”中选择为“正常”，不透明度为100%。在渐变参数中的开端位置0%处颜色设置为R31、G62、B86，不透明度为100%；位置23%处颜色设置为R76、G75、B117，不透明度为100%；位置62%处颜色设置为R30、G44、B80，不透明度为100%；末端位置100%处颜色设置为R207、G54、B171，不透明度为100%。勾选“与图层对齐”，样式为“线性”，角度为159°，缩放为100%。

叠加一个较小的正圆形状，在图层样式“颜色叠加混合模式”中选择为“正常”，颜色选择黑色，不透明度为100%（图5-61）。

（11）添加形状

绘制镜头反光效果，创建剪切蒙版（图5-62）。最后使用“笔刷”工具在新建图层上绘制光晕效果（图5-63）。

图5-61　绘制正圆形状制作镜头

图5-62　绘制镜头反光效果

图5-63　绘制光晕效果

图5-61：重复上述方法，绘制多层镜头圆环效果。

图5-62：运用蒙版制作镜头表面反光。

图5-63：绘制白色圆形作为镜头光晕，形成倾斜排列。

本章小结

本章讲解UI软件界面设计，指出软件界面设计的多种门类与形式，包括导航栏、菜单栏、图标、进度条等。核心目标是提升用户的视觉体验，提高操作效率与人机互动感，将软件界面设计得真实高效。随后，针对UI软件界面设计举出三个设计案例，分析讲解这些案例的制作步骤，深刻学习UI软件界面的设计方法。

课后练习

1）页面中导航栏的设计通常具有哪些功能和特点?

2）商务类网站的导航栏目录通常是根据什么来设定的?

3）场景设计要注意哪些因素?

4）谈谈窗口在游戏页面中的作用。

5）选择任意网站的菜单栏，简要阐述该设计有哪些优缺点。

6）选择任意软件，为该软件设计1个缩略图标。

7）自定义风格，设计1个音频类播放进度条。

8）为当地政府机构组织设计1套具有金属质感和红色文化特征的UI软件界面。

6 UI设计案例作品解析

学习难度：★★★☆☆
重点概念：主流系统、系统操作、系统交互

章节导读

在用户界面设计领域，每个设计师都有自己独特的风格和审美。面对口味各异的广大用户，大型科技公司如何实现繁杂口味的统一，这背后离不开成熟的设计体系。在追求个性化的设计中寻求共性，在丰富多变的视觉风格中寻找大众化的平衡，以实现面向群体的统一性，这无疑是UI设计过程中需要攻克的重要难题（图6-1）。

图6-1 操作系统UI图标

图6-1：操作系统UI图标力求简洁，为了方便类比，可以在外部增加圆形围合，形成统一的视觉效果。

6.1 UI设计作品步骤解析

UI设计领域涉及诸多层面，前面章节主要分析了以图标设计为核心的系列案例，这些案例为UI设计的初级阶段提供了坚实基础。尽管Photoshop在处理此类设计任务时表现出色，但为进一步提高设计的质量和效率，下面引入采用Illustrator制作的复合型UI设计实例。

6.1.1 组合图标

组合图标设计应强调整体性原则。在绘制之初制定模板，以此作为统一视觉元素的基础。随后通过对色彩的精细调配与形态的精妙塑造，确保所有图标在视觉表达上的一致性。色彩规划应在维持整体统一性的基础上，实施更深层次的差异化处理，以实现视觉效果的层次性与丰富性（图6-2、图6-3）。

图6-2（a）：绘制圆角方形，并赋予深灰色外发光投影。

图6-2（b）：给原图形填充过渡渐变色，继续创建一个略小的圆形，覆盖在原图形上层。

图6-2（c）：绘制箭头，进行过渡渐变色填充，并赋予深灰色外发光投影。

图6-2（d）：复制绘制完成的箭头，并旋转180°，摆放至下方。

图6-2（e）：绘制圆角方形，并赋予深灰色外发光投影。

图6-2（f）：给原图形填充过渡渐变色，继续创建一个略小的圆形，覆盖在原图形上层。

图6-2（g）：绘制向下指示箭头，并赋予深灰色外发光投影。

图6-2（h）：绘制圆角方形，并赋予深灰色外发光投影。

图6-2（i）：给原图形填充过渡渐变色，继续创建一个略小的圆形，覆盖在原图形上层。

图6-2（j）：绘制卡通图形，并在表面绘制椭圆形设置为过渡渐变与半透明效果，形成哑光质感。

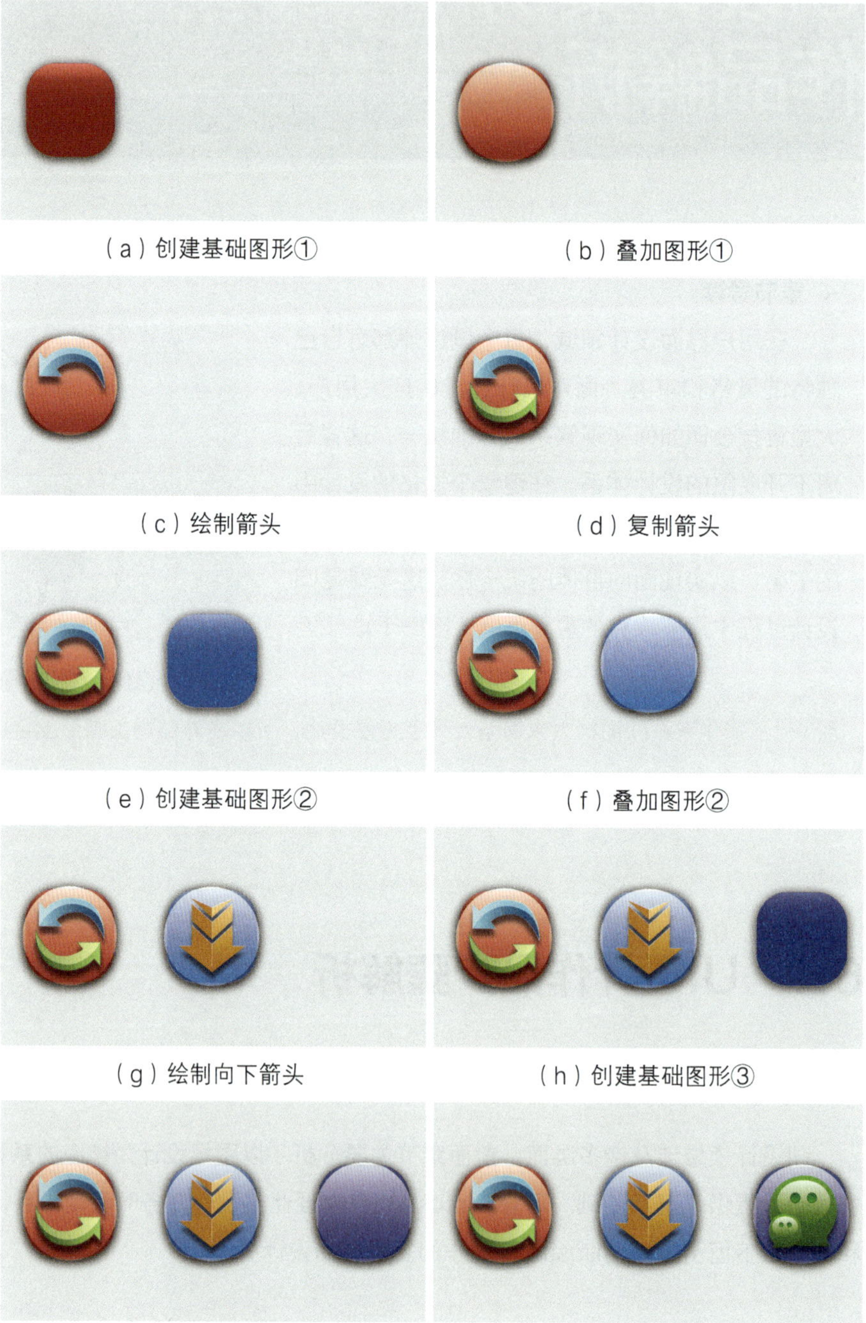

（a）创建基础图形①　（b）叠加图形①

（c）绘制箭头　（d）复制箭头

（e）创建基础图形②　（f）叠加图形②

（g）绘制向下箭头　（h）创建基础图形③

（i）叠加图形③　（j）绘制卡通图形

图6-2　哑光质感组合图标（王晓婷）

（a）创建基础图形　（b）叠加图形

（c）继续叠加复制图形　（d）绘制标识图形

（e）增加外部投影　（f）增加内部投影

（g）绘制高光　（h）绘制高光造型

图6-3　高光质感组合图标（严博轩）

图6-3（a）：绘制圆角方形，并填充缓和的过渡渐变色。

图6-3（b）：在原图形下方绘制厚度图形，并创建一个略小的圆形，覆盖在原图形上层。

图6-3（c）：继续创建一个略小的圆形，覆盖在原图形上层，并进行填充过渡渐变色。

图6-3（d）：依次绘制具有显著特征的标识图形，以剪影轮廓造型为主。

图6-3（e）：给外部图形赋予深灰色外发光投影。

图6-3（f）：调整并加深内部圆形的色彩过渡渐变，给内部圆形增加投影。

图6-3（g）：给图标各层次外围增加反光层，在图标上部绘制高光造型，设置为过渡渐变与半透明效果，形成高光质感。

图6-3（h）：在高光区域绘制线条与椭圆，进一步细化高光效果。

6.1.2　装置开关

装置开关具有动态效果，设计时要考虑动态变化的范围与效果。精确摆放刻度标记的位置，力求精准（图6-4、图6-5）。

图6-4（a）：绘制圆形，并赋予图层特效，具有一定立体感。

图6-4（b）：给原图形上层继续绘制较小的圆形，并赋予图层特效，具有一定立体感。

图6-4（c）：绘制圆环造型，并填充过渡渐变色，表现出显示区轮廓造型。绘制小圆形并填充反向过渡渐变色，作为指示标识。

图6-4（d）：在显示区内填充蓝绿色过渡渐变。

图6-4（e）：输入标识文字，选择常规黑体，便于快速识别。

图6-4（f）：绘制条形，填充灰色。

图6-4（g）：在条形显示区内填充一半蓝绿色过渡渐变。

图6-4（h）：条形显示区中央继续绘制较小的圆形，并赋予图层特效与过渡渐变色，具有一定立体感。

图6-4（i）：在较小圆形上绘制小圆形，并赋予图层特效，填充反向过渡渐变色，具有一定立体感。

图6-4（j）：绘制标识线，输入数据，形成完整的参考标准。

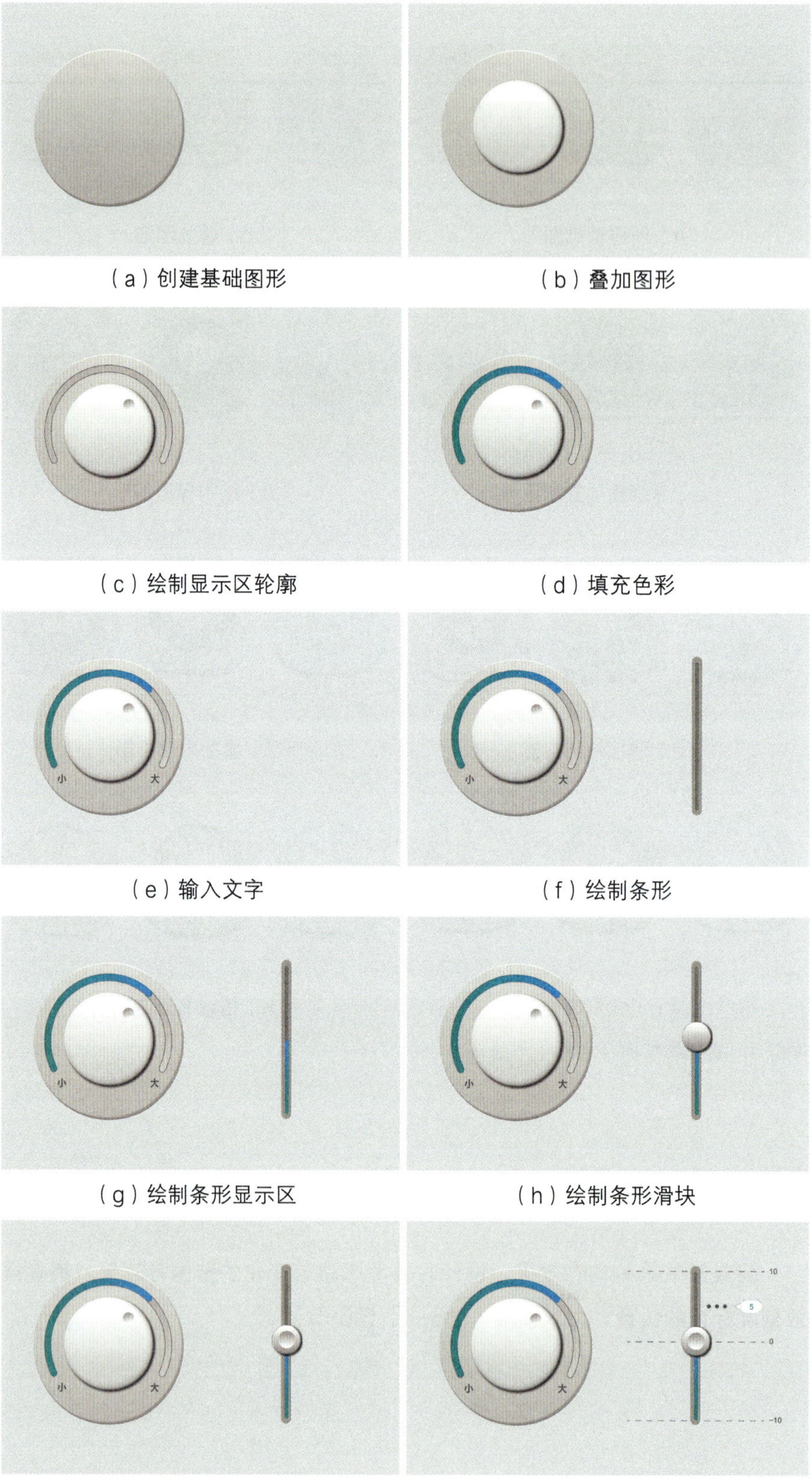

（a）创建基础图形　（b）叠加图形

（c）绘制显示区轮廓　（d）填充色彩

（e）输入文字　（f）绘制条形

（g）绘制条形显示区　（h）绘制条形滑块

（i）绘制滑块细节　（j）标识刻度线与数据

图6-4　旋钮音量开关（王晓婷）

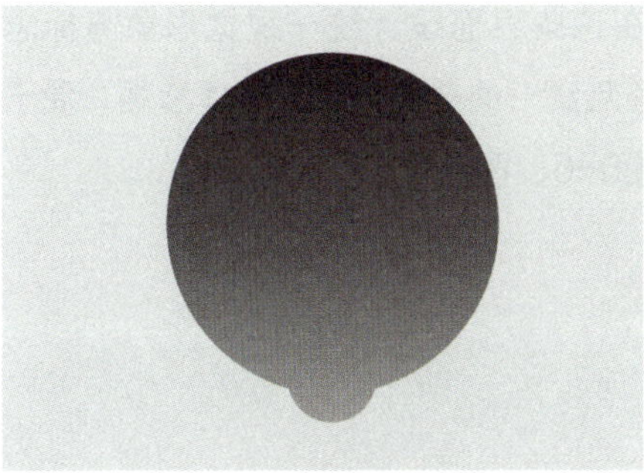

（a）创建基础图形

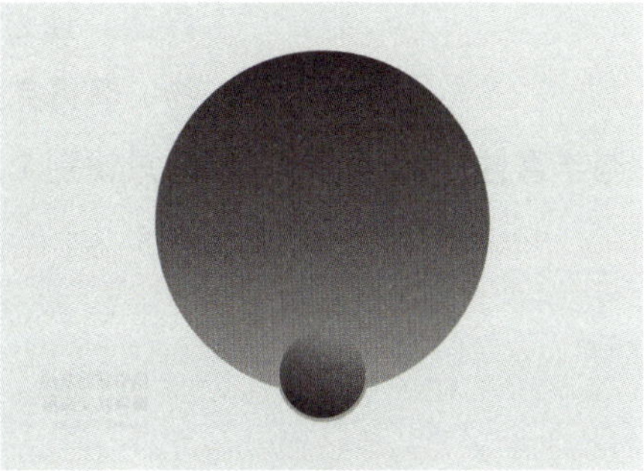

（b）叠加图形①

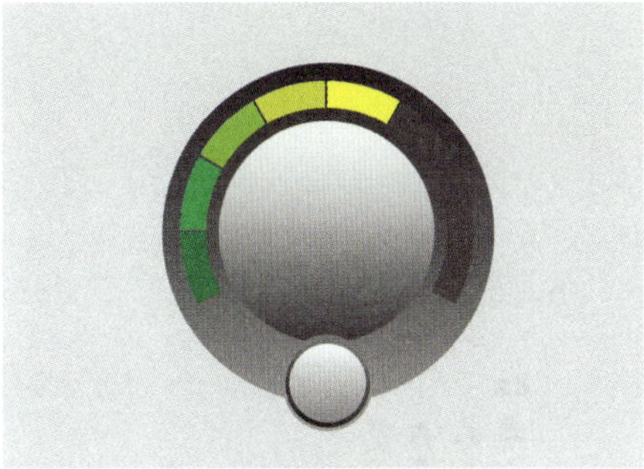

（c）绘制主体图形

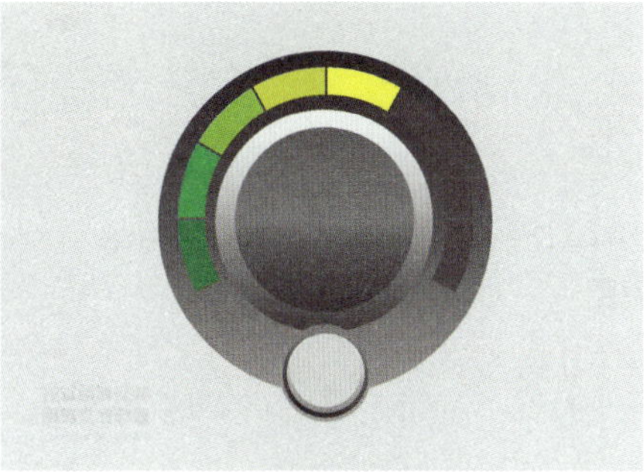

（d）叠加图形②

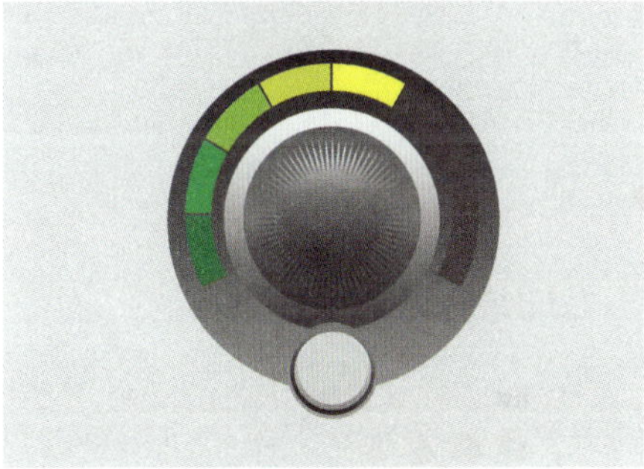

（e）绘制刻度

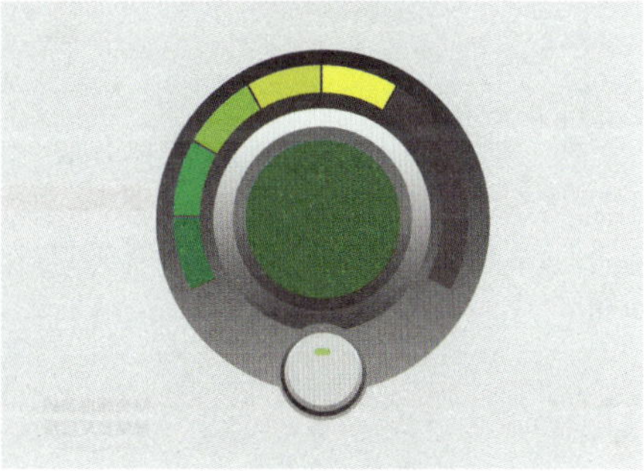

（f）叠加图形③

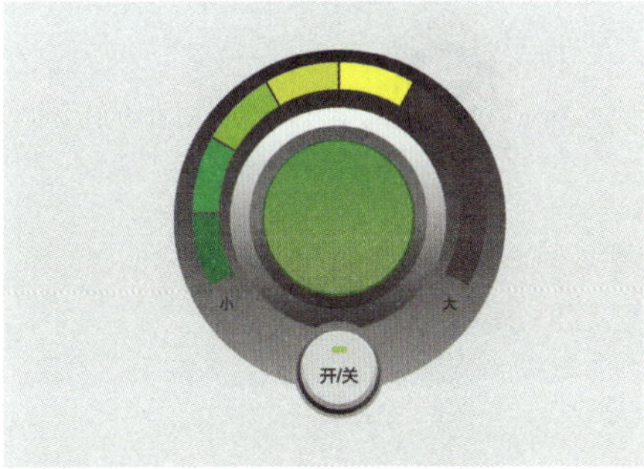

（g）输入文字

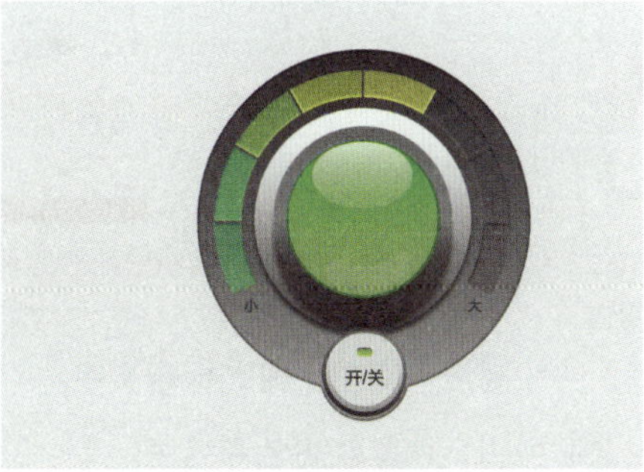

（h）绘制高光造型

图6-5　旋钮控制开关（严博轩）

图6-5（a）：绘制一大一小两个圆形，并填充过渡渐变灰色，给外部轮廓增加厚度，形成一定立体感。

图6-5（b）：绘制较小的圆形，置于图形上部，并赋予图层特效，具有一定立体感。

图6-5（c）：绘制显示扇形色块与中央圆形。

图6-5（d）：在中央继续绘制圆形并填充过渡渐变灰色，形成叠加效果。

图6-5（e）：绘制较小的长矩形，并以圆心进行环绕复制，形成刻度标识。

图6-5（f）：叠加并覆盖圆形，填充绿色，并绘制开关指示灯。

图6-5（g）：在绿色圆形上继续叠加一个略小的圆形，填充较浅的过渡渐变色，并在下方输入文字。

图6-5（h）：在中央绿色圆形表面绘制高光造型，并设置半透明，给圆形增加投影。

6.1.3 手机界面

手机界面设计注重多样化与丰富性，设有诸多界面，通过在这些界面设计统一视觉形象与标志物，获得完整且统一的界面效果，整体感强，便于用户识别（图6-6、图6-7）。

（a）创建底图

（b）绘制主体图形

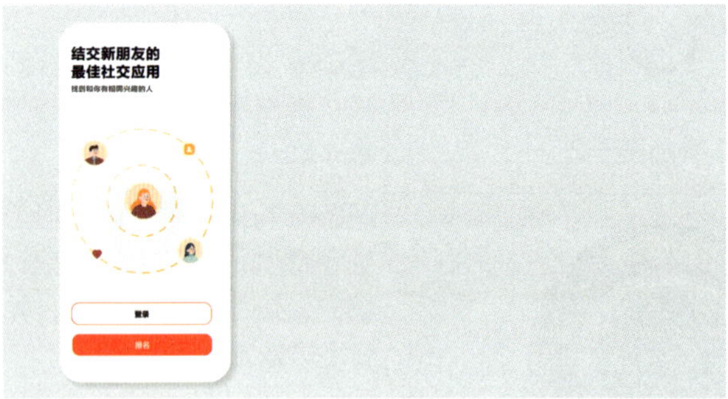

（c）绘制按钮

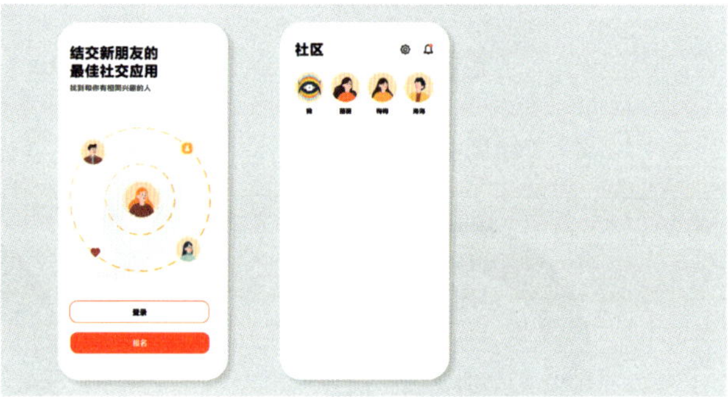

（d）绘制上部图标

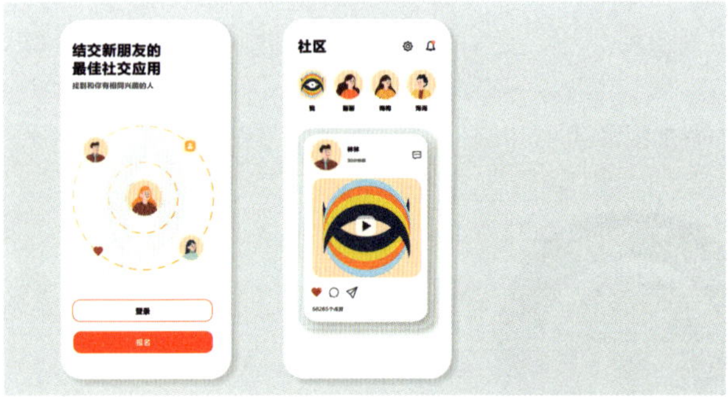

（e）绘制窗口

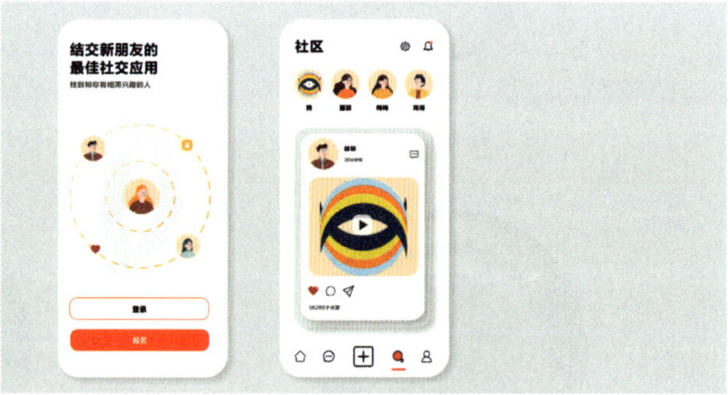

（f）绘制下部图标

图6-6（a）：创建手机界面图形，并绘制浅色底图，输入标题文字。

图6-6（b）：在底图上绘制环形关联主图，设置较高色彩纯度。

图6-6（c）：绘制按钮造型，采用红白交替搭配，引导用户点击。

图6-6（d）：在第二屏界面绘制上部图标，主要为扁平化人物图形。

图6-6（e）：在主图区绘制窗口造型，用于介绍人物信息。

图6-6（f）：在界面下方绘制图标，作为手机APP功能按钮。

图6-6 社交APP界面（王晓婷）

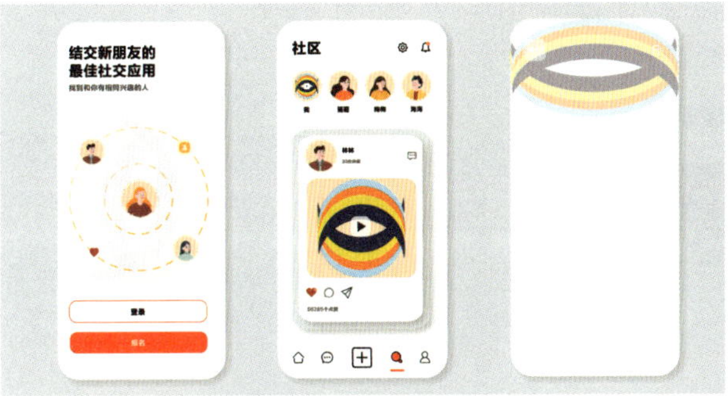

（g）绘制底图

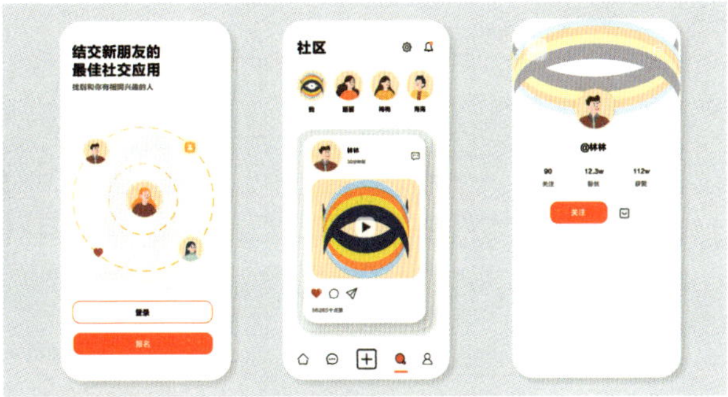

（h）布置图标与文字

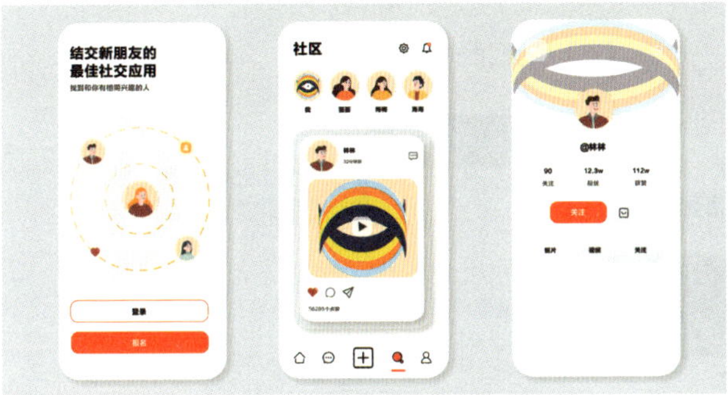

（i）绘制选项按钮

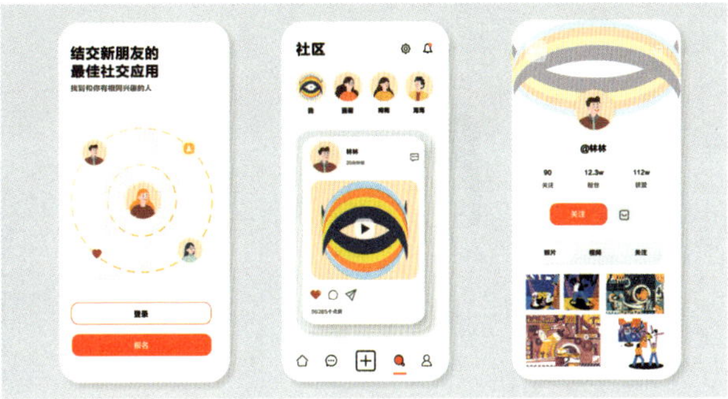

（j）增添图片

图6-6（g）：将第一屏中的背景图案复制到第三屏中，置于上方。

图6-6（h）：置入人物图标，输入相关文字信息，设计绘制红白按钮。

图6-6（i）：绘制灰色选项按钮，拓展该页面的功能。

图6-6（j）：给第三屏页面下方增添图片链接，丰富界面效果。

图6-6　社交APP界面（王晓婷）（续）

（a）创建底图

（b）绘制元素设计区域

图6-7（a）：创建手机界面图形，并绘制浅色底图。

图6-7（b）：在底图上绘制元素设计区域，明确区域功能与设计意向。

图6-7　体育竞赛APP界面（严博轩）

（c）细化元素区域

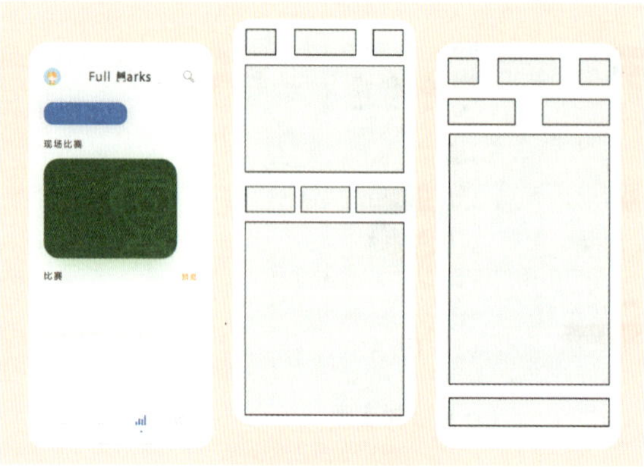

（d）填充第一屏色块图形

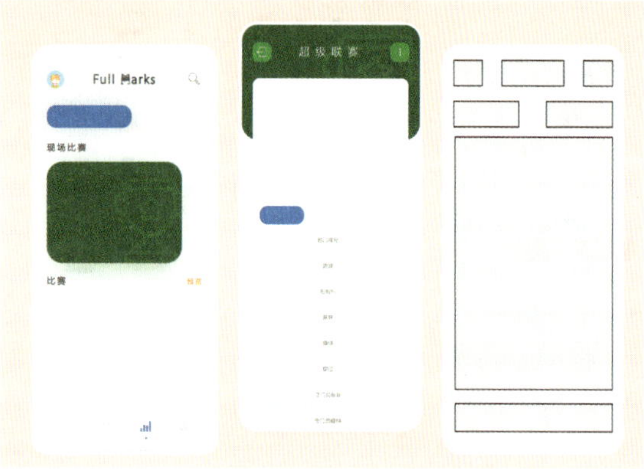

（e）填充第二屏色块图形

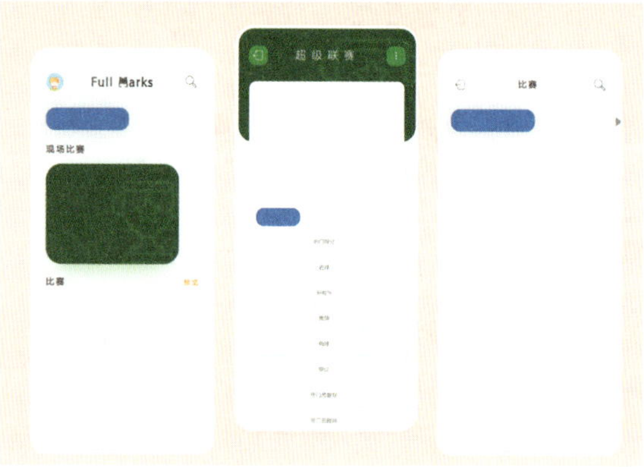

（f）填充第三屏色块图形

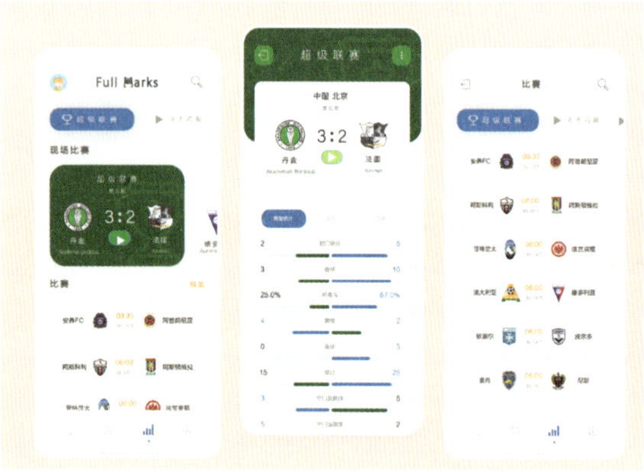

（g）输入文字并置入图标

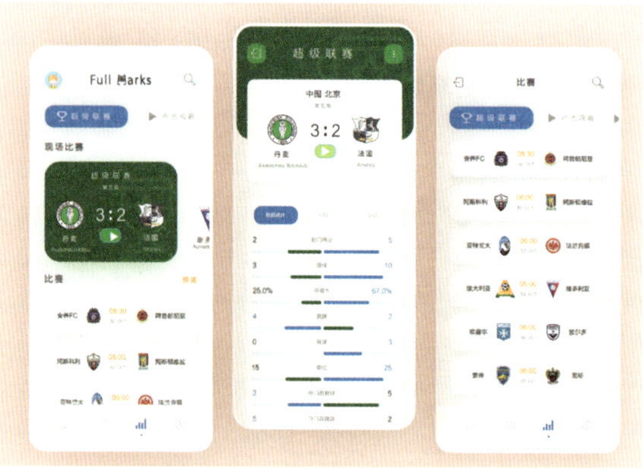

（h）增加投影修饰

图6-7（c）：进一步细分按钮、色块、图标区域。

图6-7（d）：填充圆角矩形色块，重点部位填充为绿色、蓝色，其他部位填充为白色，并绘制图标，输入文字。

图6-7（e）：第二屏布局与第一屏不同，主要为数据对比界面，输入文字。

图6-7（f）：第三屏以文字为主，预留大量白色圆角矩形。

图6-7（g）：在界面上输入文字并置入对应的图标，这些图标需要预先经过细致修改后再置入。

图6-7（h）：给界面增加修饰与阴影，强化体积感。

图6-7　体育竞赛App界面（严博轩）（续）

6.1.4　平板电脑软件界面

平板电脑界面比手机界面大，UI设计可发挥的空间也更大，需要单独设计不同软件功能，界面中能同时置入多种信息元素，丰富屏幕视觉效果，尽量在一个界面中满足所有操控功能（图6-8、图6-9）。

（a）创建底图

（b）绘制图标

（c）绘制数据小图块

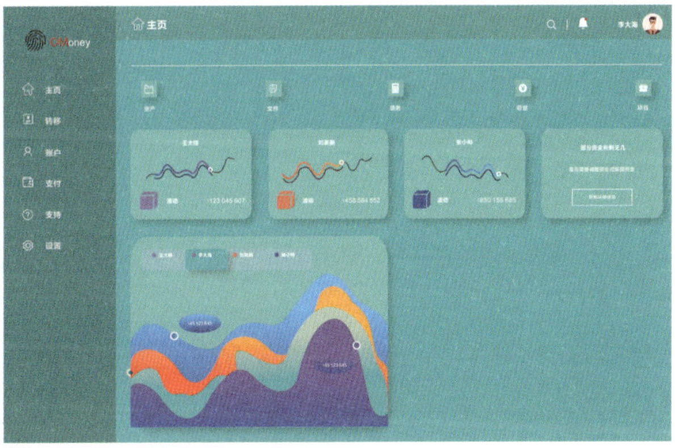

（d）绘制数据大图块

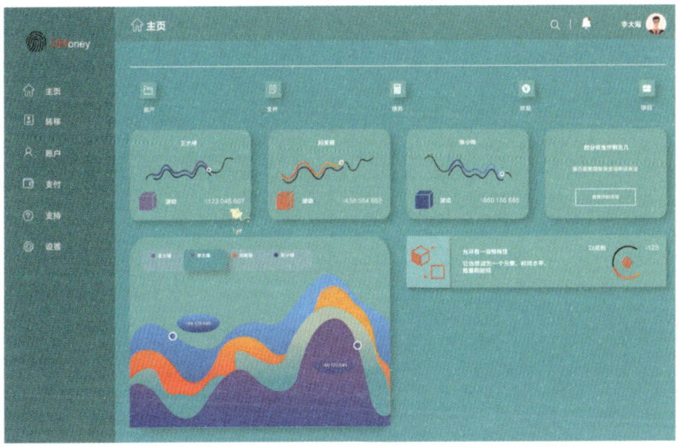

（e）绘制分析表

图6-8　经济管理软件界面（王晓婷）

图6-8（a）：创建底图并对分区填色，设计界面为左右布局，左侧为菜单，右侧为主体界面。

图6-8（b）：绘制界面图标，并搭配文字说明。

图6-8（c）：绘制数据小图块，并添加阴影效果。

图6-8（d）：依次绘制小图块后，放大图块规格，并仔细绘制数据图山峰造型效果，分层设计并填充缓和的过渡渐变效果。

图6-8（e）：在大图右侧绘制分析表，简单图形搭配数据文字。

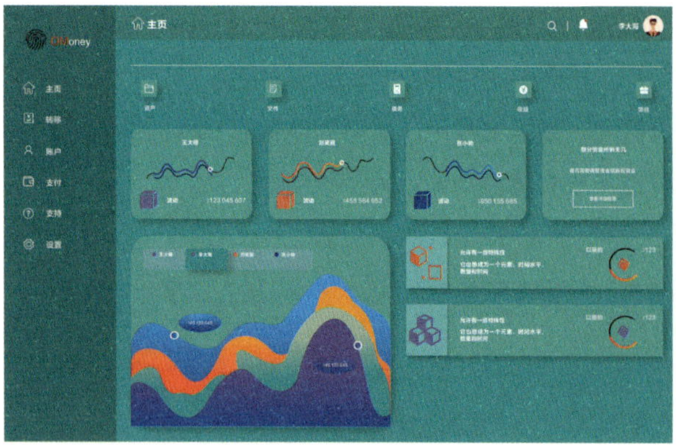

（f）复制并修饰分析表

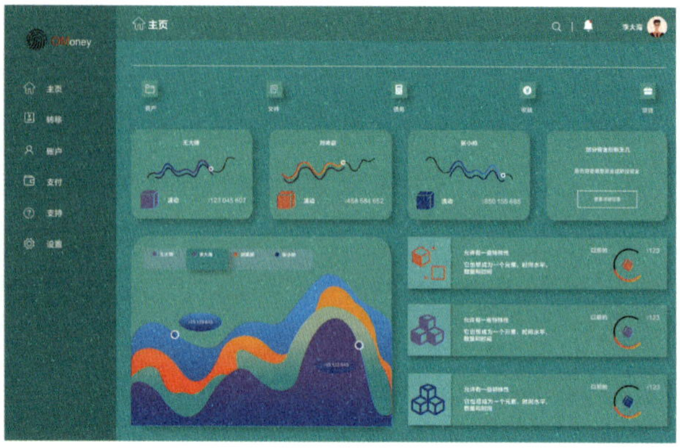

（g）修饰完成

图6-8（f）：复制分析表并变换设计图样。

图6-8（g）：整体界面调整，并增加阴影，表现立体感。

图6-8　经济管理软件界面（王晓婷）（续）

（a）创建底图

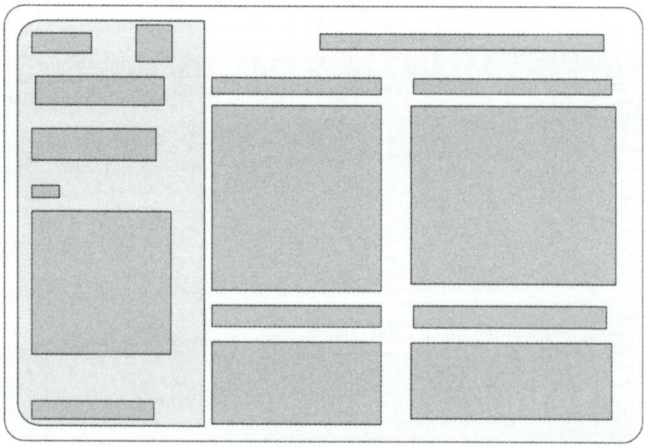

（b）区域分配设计

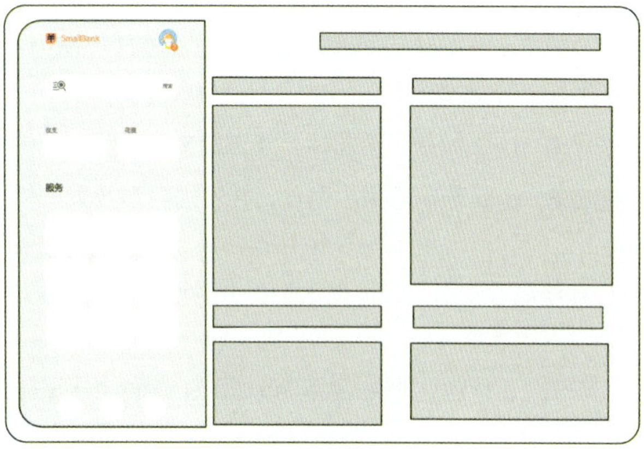

（c）绘制左侧底图

图6-9（a）：创建圆角矩形，填充浅灰色。

图6-9（b）：在底图上绘制分区板块，编排信息位置。

图6-9（c）：根据设计区域，在左侧绘制圆角矩形，限定按钮形态与功能。

图6-9　财务软件界面（严博轩）

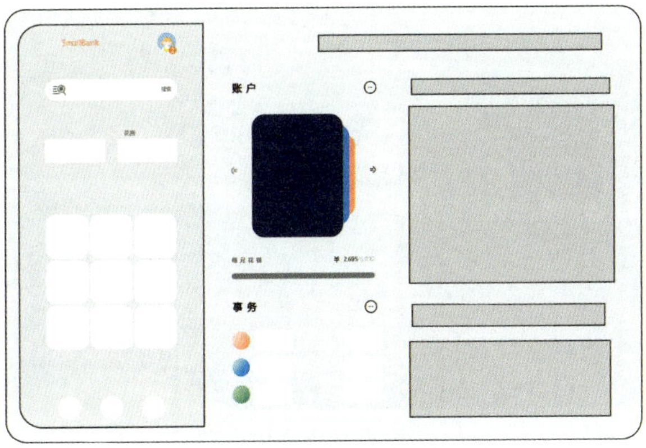

（d）绘制中央底图

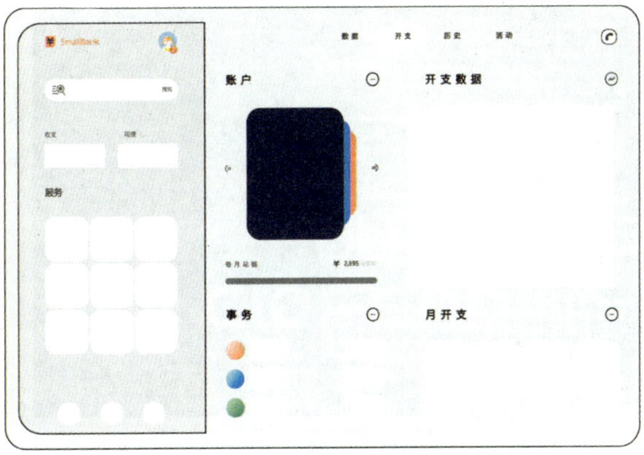

（e）绘制右侧底图

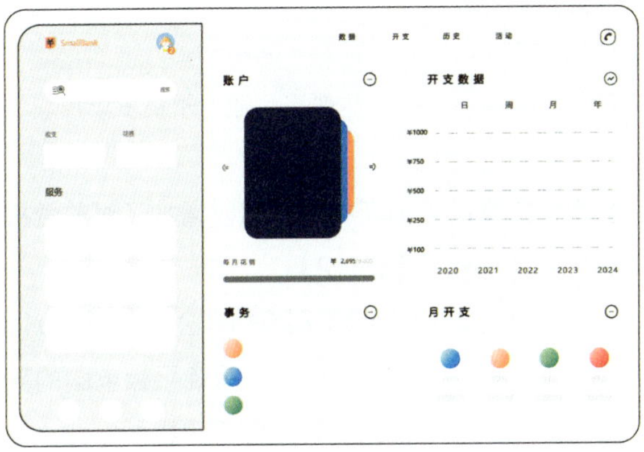

（f）输入文字

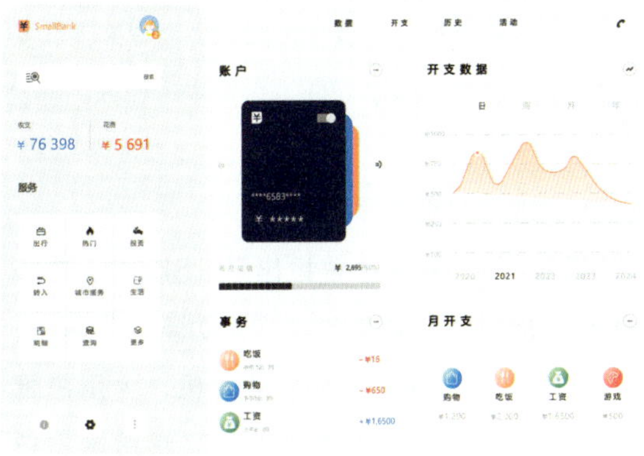

（g）输入文字数据并修饰

图6-9（d）：在界面中央绘制账户底图，形成叠加图形。

图6-9（e）：在界面右侧继续绘制圆角矩形，限定按钮形态与功能。

图6-9（f）：在界面输入文字，并绘制辅助装饰图形。

图6-9（g）：调整页面中图形细节，让图形设计更丰富完整，输入文字数据，完成设计。

图6-9　财务软件界面（严博轩）（续）

6.2　操作系统UI案例解析

6.2.1　安卓系统

（1）系统简介

安卓系统是谷歌公司开发的操作系统，安卓的图标样式是一个形态简单，全身绿色的机器人，它的躯干像锡罐，头上还有两根天线，由Ascender公司设计，诞生于2010年（图6-10）。

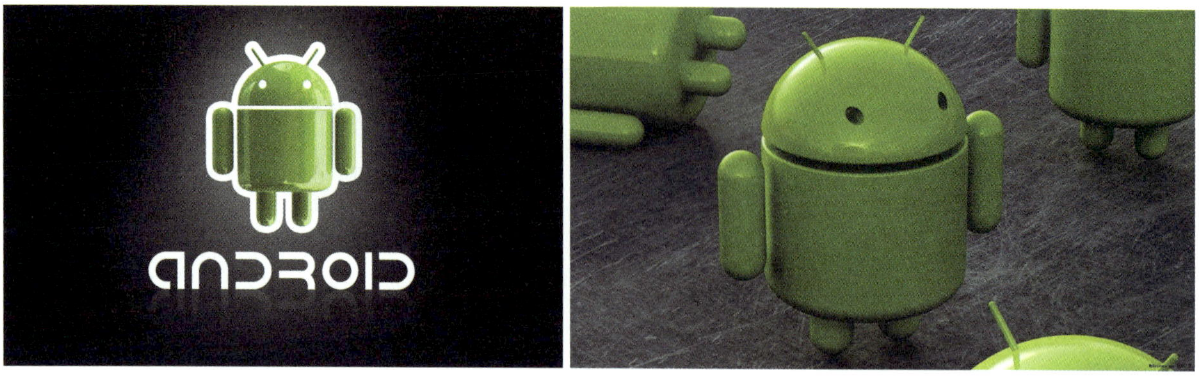

（a）安卓标志　　　　（b）安卓标志立体造型

图6-10　安卓系统标志造型

图6-10（a）：安卓标志以绿色机器人为主要图形，采取过渡渐变色填充，获得较强的立体感。

图6-10（b）：除了二维图形外，还用三维软件创建模型，进一步突出标志的立体效果，适用于更多场景。

（2）界面交互系统

2009年4月，安卓系统推出了1.5版本。该版本的用户界面设计相对简单，交互功能较为基础，同时该系统能够连接立体声蓝牙耳机，为用户提供听觉交互体验。在视觉交互方面，该版本支持视频的拍摄与播放，并且可以将内容上传至互联网。此外，其网络界面是基于WebKit技术的浏览器，应用程序还能根据手机旋转自动调整用户的交互视角。

随后，同年9月和10月，安卓分别发布了1.6和2.0版本，这两个版本对用户界面进行了显著的优化升级。其中包括快速搜索框的重新设计、拍照界面的全新改版、应用程序耗电情况的查看、虚拟键盘的更新、屏幕分辨率的提升以及媒体引擎的改进等，这些改动使得界面背景的白色与黑色比例得到了优化（图6-11）。

2010年5月，安卓系统又推出了2.2和2.2.1版本。这两个版本在界面交互的整体性能上有了显著的飞跃，并且支持网络共享功能，同时更新了软件商店的设计风格。而在2010年12月发布的安卓2.3版本中，系统进一步增强了垃圾回收和优化处理功能，并针对窗口管理和生命周期框架设计了更加符合用户交互需求的新样式，同时增加了对前置摄像头的支持功能（图6-12）。

安卓3.0和3.1分别于2011年2月2日和2011年5月11日发布。此次更新主要围绕平板电脑的界面改进，引入了一系列创新性的用户界面设计。这些设计包括可滚动的任务管理器，以及为了提升交互体验而新增的支持USB输入设备，诸如键盘、鼠标和无线手柄等。此外，该版本对网页浏览功能进行了显著增强，用户可以更加便捷地个性化定制屏幕插件。这些更新优化了平板用户的使用体验，并为用户提供了更为灵活和高效的操作环境。

图6-11　安卓1.6 Donut

图6-11：融入甜甜圈造型，表明系统在不断更新。

安卓3.2和4.0分别于2011年7月13日和2011年10月19日发布，界面引入了应用显示缩放功能。交互形式有离线阅读、隐身浏览模式、截图功能等，还更新了更强大的图片编辑功能，照片应用可以添加滤镜、相框，进行全景拍摄（图6-13）。

安卓4.1于2012年6月发布，交互过程更快、更流畅灵敏，特效动画的帧速提高至60fps，增加了三倍缓冲。同时增强了通知栏，更新了搜索栏，智能语音和即时搜索等功能的开发带动了更加丰富的UI元素（图6-14）。

安卓4.4于2013年9月4日发布，安卓4.4系统在交互操作上更加个性化，整合了安卓服务特点，防止系统分散化。

图6-12　安卓2.3 Gingerbread

图6-13　安卓3.0 Honeycomb

图6-12：增加服装造型，适应更广的人群，表现出丰富的视觉效果。

图6-13：将机器人造型转变为蜜蜂，有飞翔超越的势头，表现出功能更加强大。

（a）糖果容器

（b）机器人玩具

图6-14　安卓4.1 Jelly Bean

图6-14（a）：将安卓机器人由二维转变为三维，并注入具体功能，可用来装糖果。

图6-14（b）：将二维图形带入生活中，成为数码产品爱好者的必备手办。

安卓5.0发布于2014年10月，采用了一种全新的用户界面设计风格，UI元素的设计趋势悄然扁平化，例如对于桌面图标及部件的透明度进行调整，并且各种桌面小部件也可以重叠摆放（图6-15）。

安卓6.0发布于2015年5月，用户界面的整体设计风格依然保持扁平化。在对用户体验与软件运行性能上进行了大幅度的优化，例如设备续航时间提升30%（图6-16）。

安卓系统此后的版本，在界面上的交互研发经历了产品定位和人群分析，最后摸索出符合主流的设计方案。既要做到强调自身产品的设计语言，又要做到在符合大众审美及操作心理的条件下研发产品的界面设计。

6.2.2 iOS系统

（1）系统简介

iOS是由苹果公司开发的移动操作系统。苹果公司最早于2007年1月的Macworld大会上公布这个系统，最初是设计给iPhone使用的，后来陆续套用到iPod touch、iPad以及Apple TV等产品上（图6-17）。

（2）界面交互系统

①窗口视图。iPhone的规则是一个窗口多个视图，窗口是用户在界面中所能看到的最底层，是固定不变的。窗口视图是用户构建界面的基础，利用控件和用户进行交互和传递数据。窗口和视图是最基本的类，创建任何类型的用户界面都要用到（图6-18）。

图6-15　安卓5.0 Lollipop

图6-15：将二维图形注入文创理念，将机器人做成糖果造型，引入生活的方方面面。

图6-16　安卓6.0 Marshmallow

图6-16：将机器人造型拓展为多种玩具、食品，形成系列标识，不断给用户灌输品牌理念。

图6-17　苹果标志

图6-17：苹果标志原本是完整的苹果，如今修改为“残缺”的图形，加深用户对品牌的认知度与记忆度。

图6-18　界面窗口

图6-18：苹果手机的界面窗口布局饱满，各种程序图标在外观上保持为圆角方形状态，形成整齐的视觉效果。

②语音系统。在iOS设备中，Siri仿佛是为用户进行界面交互的助理，用户可以利用语音来完成发送信息等任务。iOS7中的Siri拥有新外观、新声音和新功能（图6-19）。

③界面交互。iOS设备界面中交互部分形式多样，例如控制中心、通知中心和APP Store等，控制中心为用户建立起了一个快速交互通道，便于快速使用急需的控制选项和APP（图6-20）。

苹果界面的设计理念较倾向于用户操作心理，大部分设计都以操作从简为原则。在UI元素的风格上带动了扁平化趋势，调整了构成元素的质感，以更为独特的外观，为用户提供更好的视觉体验。

图6-19　Siri交互系统

图6-19：为了推广Siri功能，苹果公司设计了麦克风标志，这个图形现在已经成为各操作平台的范本，只要与语音输入相关的功能基本都会用到这个图形。

（a）iPad界面　　（b）笔记本界面

图6-20　设备界面交互

图6-20（a）：iPad界面在苹果手机的基础上进行完善，程序图标的间距较大，识别率高。

图6-20（b）：笔记本界面除了保持iPad界面特征外，还在底部汇集了各种常用软件图标，提升启动效率。

6.2.3 Windows系统

（1）系统简介

Microsoft Windows是美国微软公司研发的一套操作系统，问世于1985年。Windows采用的图形交互模式比从前的DOS需要键入指令使用的方式更为人性化（图6-21）。Windows 1.0是微软公司第一次对个人电脑操作平台进行用户图形界面尝试，随着电脑硬件和软件的不断升级，微软的Windows也在不断更新、升级，研发能为用户带来更好体验的交互系统。

（2）界面交互系统

①Windows 1.0～Windows 3.0。Windows 1.0为一些自带的简单应用程序设置了UI图标，包括日历、记事本、计算器等。另外一个显著特点是允许用户同时执行多个程序，并在各个程序之间进行切换。在Windows 2.0的交互操作中，用户不但可以缩放窗口，还可以在桌面上同时显示多个窗口。Windows 3.0在用户界面人性化方面的巨大改进，获得了较好的用户体验评价，极大地改善了系统的可扩展性，在图片显示效果上大有长进。微软在用户界面上与苹果公司特立独行的风格形成鲜明对照（图6-22）。

②Windows 95与Windows 98。标明了“开始”按钮的介绍，增加了桌面工具条，这样的界面元素一直保留到Windows后来所有的产品中。Windows 98在界面交互元素中第一次加入了“快速启动”，沿用至Windows Vista，后来被Windows 7中的“固定在任务栏”取代（图6-23、图6-24）。

图6-21　Windows界面

图6-21：Windows界面一直以窗口图形为主，表现出光芒四射的视觉效果，具有醒目感。

（a）启动界面

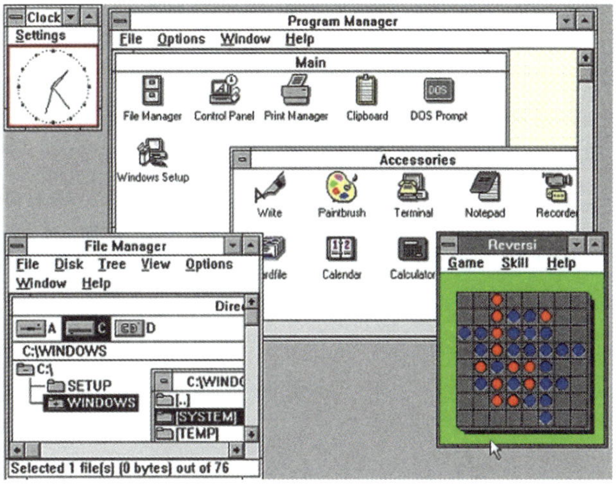

（b）程序界面

图6-22 Windows 3.0

图6-22（a）：启动界面设计简单，但在色彩层次上仍有深浅变化。

图6-22（b）：窗口设计主体为灰色层次，部分图标为彩色，形成鲜明的对比。

图6-23 Windows 95

图6-23：Windows 95全面进入彩色界面，所有图标设计均为二维彩色，具有一定立体感。

图6-24 Windows 98

图6-24：Windows 98界面在二维视觉效果上进一步提升，增加了投影和过渡渐变色。

③Windows XP。对用户登录界面进行图形化设计，更新了桌面，但用户也可以将桌面换成传统样式。此外，Windows XP 还引入了“选择任务”用户界面，使得工具条可以访问任务的具体细节。此用户界面经过重新设计，以易用性为核心，整合并统一了帮助功能和支持服务中心。

④Windows 7。在界面上做了许多方便用户的设计，如快速最大化、窗口半屏显示、跳转列表、系统故障快速修复、可拖动任务栏等，这些新功能令Windows 7成为最简单易用的系统（图6-26）。

图6-25 Windows XP

图6-25：Windows XP在主体标志上进一步立体化，而且整体界面的色彩更鲜艳，具有较强的亲和力。

图6-26 Windows 7

图6-26：Windows 7在Windows XP的基础上进一步提升亲和力与视觉效果，发光、投影、色彩过渡渐变效果均有提升。

⑤Windows 8。微软对于Windows 8的系统进行重大调整，改革性地在任务栏上取消了“开始”按钮。用户所有的程序都以卡片的形式展示出来，并可通过触摸点击进行启动。由于“开始”菜单的取消，导致许多用户不愿升级。科技发展迅速，用户适应新的操作界面需要时间（图6-27）。

⑥Windows 10～Windows 12。对桌面环境进行了改进，增设全新的开始菜单、虚拟桌面、新的多任务视图和窗口停靠Snap模式。新系统中加入的“任务查看”按键及相关功能也是微软重点介绍的新特性之一（图6-28～图6-30）。

图6-27 Windows 8

图6-27：Windows 8开始扁平化设计，将图标简化，并搭配白色来衬托简洁。

图6-28 Windows 10

图6-28：Windows 10界面图标也趋向于简洁，多以深色背景为主，衬托白色文字，文字形体纤细，识读清晰。

图6-29 Windows 11

图6-29：Windows 11将视窗图形彻底简化为四个正方形，白色文字被蓝色三维图形衬托。

图6-30 Windows 12

图6-30：Windows 12选用浅色背景搭配深色文字，将视窗图形进行圆角化处理，重新注入了后现代主义美学特征。

本章小结

本章列出几个常用的UI界面设计案例，并分析这些案例的设计制作过程，指出其注重色彩搭配和图形设计的形式感与规范感。最后分析了目前三大操作系统UI设计发展历程，总结并分析UI设计审美演进过程与时代背景，指出UI设计要与硬件、软件功能匹配，在设计过程中要不断学习、创新，才能获得成功。

课后练习

1）安卓操作系统的用户界面有哪些特点？

2）举例说明安卓和iOS系统在用户界面设计的理念上有哪些不同。

3）结合实例，对Windows操作系统的界面进行分析。

4）试想一下未来交互发展的趋势。

5）选择1款常用的软件，分析它在用户界面的设计上遵循哪些原则。

参考文献 REFERENCES

［1］原田秀司．多设备时代的UI设计法则：打造完美体验的用户界面［M］．北京：中国青年出版社，2016.

［2］中村聪史．搞砸了的设计：随处可见的BAD UI［M］．北京：人民邮电出版社，2016.

［3］拉杰拉尔，UI设计黄金法则［M］．北京：中国青年出版社，2014.

［4］Wallace Jackson．精通Android UI设计［M］．北京：清华大学出版社，2016.

［5］常丽．潮流 UI设计必修课［M］．北京：人民邮电出版社，2015.

［6］设计手绘教育中心．UI设计手绘表现从入门到精通［M］．北京：人民邮电出版社，2017.

［7］蒋珍珍．Photoshop移动UI设计从入门到精通［M］．北京：清华大学出版社，2017.

［8］静电．不一样的UI设计师［M］．北京：电子工业出版社，2017.

［9］董庆帅．UI设计师的色彩搭配手册［M］．北京：电子工业出版社，2017.

［10］余振华．术与道 移动应用UI设计必修课［M］．北京：人民邮电出版社，2017.

［11］Art Eyes 设计工作室．创意UI Photoshop玩转图标设计［M］．北京：人民邮电出版社，2017.

［12］张晓景．移动互联网之路——APP UI设计从入门到精通［M］．北京：清华大学出版社，2016.

［13］韩广良，王明佳，武治国．Photoshop网站UI设计全程揭秘［M］．北京：清华大学出版社，2014.

［14］数字艺术教育研究室．UI设计参考手册［M］．北京：人民邮电出版社，2016.

［15］盛意文化．网页UI设计之道［M］．北京：电子工业出版社，2015.

［16］师维．游戏UI设计：修炼之道［M］．北京：电子工业出版社，2018.